증광현문

일러두기

· 이 책에서 인용한 『증광현문』의 글귀는 『重訂增廣賢文』 판본을 참고했다.

· 중국어 인명은 국립국어원 외래어 표기법을 따르되, 일부 중국어 지명과 발음은 관용적으로 사용되는 방식을 따랐다.

增廣賢文

우리가 몰랐던 중국인의 탈무드

증광현문

김기동(金基東) 지음

 필로소픽

추천사

민주평화통일자문회의 중국 부의장 허남세

그동안 중국에서 생활하면서 많은 중국인을 만났다. 중국인의 사고방식과 행위양식은 한국인과 같은 듯하면서도 많이 다르다. 이 책은 중국인이 왜 한국인과 다른 사고체계를 가지고 있는지, 그 근저에 있는 이유를 밝힌다. 중국인이 초·중등학교 교과서에서 배우는 『증광현문』 책 글귀를 소개하면서, 그들의 인생관과 세계관의 바탕에 자리잡고 있는 의식구조에 대해 알아본다.

중국인의 가치관 저변에 흐르는 의식구조를 이해하는 것은 중요하다. 그러면 앞으로 중국인을 만날 때, 그들이 어떻게 생각하고 판단하고 결정해서 행동할지 예측할 수 있기 때문이다. 중국인의 의식구조와 행위양식을 이해하고 그들과 대화한다면, 한국인과 중국인 모두 조금 더 빠른 시간 안에, 보다 더 쉬운 방법으로 서로가 원하는 결과를 도출할 수 있다.

중국 동관 한국상공회 회장 문계준

3년 전 작가의 『중국사람 이야기』를 읽은 후 중국 남쪽 광동성 강연장에서 우연히 김기동 작가를 만나 알게 되었다. 중국 산동성 교단에서 학생, 친구 들과 생활하면서 중국인의 삶 속에 깊이 들어가 생활한 경험을 살려, 중국 어린이의 성장 과정에 엄청난 영향력을 끼치는 처세술 책 『증광현문』을 중국 고사와 생활 이야기로 풀어낸 『증광현문: 우리가 몰랐던 중국인의 탈무드』를 출판한다. 자못 기대가 크다.

23년 동안 중국에서 직장 생활을 하고 기업을 운영하며 매일 중국인을 만났다. 그동안 의아하게 생각했던 중국인의 사고방식과 판단 방법을 이 책을 통해 이해할 수 있었다. 중국인의 가치관과 인생관 아래에 흐르는 그들의 의식구조를 알고 싶은 분들에게 일독을 권한다.

SK하이닉스반도체(중국)유한공사 우시PHOTO기술 기술개선 디렉터 문규태

중국 생활을 하면서 생경하게 느꼈던 중국인의 모습이 작가의 관점을 따라가다 보니 어느새 명확해지기 시작했다. 중국인이 초등학생 때부터 귀에 못이 박힐 만큼 듣는다는, 중국인의 사고방식의 기저가 되는 『증광현문』을 풀어내어 그들이 생각하고 행동하는 기준이 무엇인지 세심한 관찰로 풍부한 이야기를 이끌어낸다.

이 책은 중국과 관련된 일을 하시는 분들께 중국을 보는 새로운 관점을 가지게 해줄 것이다. 다양한 시각으로 중국을 공부하고 대응 방법을 고민하는 것이, 패권전쟁의 한가운데서 우리가 해야 할 최소한의 일이 아닐까 싶다.

항주상훈요식관리유한공사 서상훈떡볶이(중국 미슐랭 따종디엔핑 항주 1위 음식점) 대표 서상훈

시중에는 개인의 체험이나 경제적 관점 등을 토대로 쓴 다양한 중
국 관련 책들이 출간되어 있다. 10여 년간 중국에서 장사하며, 중
국과 중국인을 알고자 꾸준히 안내서를 사서 읽었다. 「오마이뉴스」
에 연재되고 책으로도 출간되었던 김기동 작가의 글은 기존에 읽
었던 중국 관련 책들과 다소 결이 달랐다. 그는 역사와 고전을 토
대로 문장을 풀어낸다. 우리와 같은 인간, '人'으로서의 중국을 인
문학적 관점으로 분석한다.

　인종과 국적을 나누며 서로를 배척하는 시대다. 혐오의 세상에
타인을 이해하려는 김기동 작가의 따스한 시선은 언제나 반갑다.
그의 책에는 구수한 사람 냄새가 배어 있다. 나에게는 한국 김치
찌개 맛만큼 작가가 글로 풀어내는 중국 마라탕 맛 역시 얼큰하고
향기롭다.

중국 혜주시 한국인상공회 (전) 회장 손종수

중국에서 사업한 지 20년, 어느 정도 중국을 안다고 자부하며, 중
국 관련 책은 웬만큼 읽어 중국을 어느 정도 안다고 느끼던 무렵,
나는 중국 혜주시 한국인상공회 회장이 되었다. 한국 출장을 마치
고 중국 심천시에 돌아오면서 인천공항 서점에서 『중국사람 이야
기』라는 책을 구입했다. 비행기 안에서 책을 읽으며, 작가에게 강한

흥미를 느꼈다. 그래서 혜주시 한국인상공회 모임에 이 책을 쓴 김기동 작가를 초대해 강연회를 열었다.

참석한 상공인과 주재원이 중국사람 이야기를 터놓고 물어보고 토의하면서 고개를 끄덕일 때, 제대로 된 작가를 교민에게 소개한 것 같아 기뻤다. 그로부터 3년이 지나 김기동 작가의 새 책을 만나게 되니 더욱 반갑다. 이 새 책은 그 제목대로 우리가 잘 몰랐던 중국사람에 대한 선입견을 해소할 수 있는 좋은 책이다. 중국 교민과 중국에 관심 있는 사람들이 꼭 읽어 보아야 할 책으로 추천한다.

코트라 중국 광조우무역관 관장 황재원

최근 국내 반중감정의 고조는 중국 관련 업무 종사자로서 안타깝게 느껴지는 현실이다. 물론 '대국굴기(大国崛起)'로 대표되는 중국의 경제 성장과 '소분홍(小粉紅)'으로 대표되는 맹목적 애국주의에 대한 반작용으로 촉발된 면도 없지 않다. 하지만 오랜 역사 동안 가장 가까운 이웃이자 최대 교역 대상국인 중국에 대한 맹목적 반감은 지양되어야 할 현상이다.

우리와 다른 중국인의 사고방식과 문화에 대한 몰이해가 반중감정의 한 원인이 된 이때, 중국인에게 가장 널리 읽히는 격언집인 『증광현문』을 통해 중국인의 의식구조를 이해하려는 김기동 작가의 작업은 큰 의미를 갖는다고 생각한다. 아무쪼록 김기동 작가의 신간을 통해, 일의대수(一衣帶水)로 상징되는 가까운 이웃인 중국을 한층 냉철하고 객관적으로 볼 수 있는 계기가 마련되기를 기대한다.

중국 산동여행대학교 국제교류처 계장 장웨이위(张伟玉)

한국인에게서, '중국이라서, 중국인이라서 그렇다'는 말을 종종 듣는다. 중국과 중국인을 잘 알고 판단하는 경우도 있지만, 남들에게 들은 대로 혹은 선입견으로 판단하는 경우도 적지 않다. 저자는 중국에 살면서 중국 역사 기록과 중국 선조들의 사상, 그리고 현대인들의 생각을 고찰하여 중국에서 실제 일어나는 일들을 중국인 입장에서 이해한 후, 중국인과 한국인의 차이점이 무엇인지 살펴본다.

중국 어린이 필독서 『증광현문』 글귀와 중국인의 실제 생활 모습을 비교하여 소개하는 책은 한국에서 처음 출판되는 것으로 알고 있다. 중국에 관심이 있고 중국을 알고 싶은 분들은, 중국을 방문하거나 중국인을 만나기 전에 이 책을 꼭 읽어 보기 바란다.

책을 내면서

우리는, 한국인은 중국을 얼마나 이해하고 있을까? 사실 자기 자신에 대해서도 완벽한 이해는 얻기 힘들고, 타인에 대해서는 더욱 그러하니, 개인보다 더 큰 단위인 타국에 대해서는 말할 것도 없다. 우리는 항상 이해와 오해를 거듭하며 실체에 접근해 갈 따름이다. 나와 상대방 혹은 우리와 '그들'의 다름을 알고 받아들이면 이해가 시작되고, 그렇지 못하고 섣불리 자기 식으로만 판단하면 오해가 시작된다. 이해는 사람살이의 기본이기도 하지만 다른 나라와의 관계에 있어서는 더욱 필수적이다. 특히 우리나라는 특수한 지정학적 위치로 말미암아 주변국에 대한 이해가 더욱 절실한 입장이라 할 수 있다. 그런데 우리는 한반도를 둘러싼 여러 나라 중에서 유독 중국과 중국인에 대해 더 견고한 고정관념과 선입견을 가지고 있는 것 같다. 중국인의 어떤 행동들을 사고방식과 문화의 차이로 받아들이지 않고, 특정 기준에 미달하며 잘못되었다는 식으로 생각하는 경향이 있다면 과언일까. 그런데 중요한 게 있다. 그러한 생각이 중국이나 중국인을 대할 때 결국 막대한 손해로 이어진다는 사실이다. 그게 내가 중국인의 사고방식과 문화를 좀 더 들여다보게 된 이유다. 나 역시 중국인을 제대로 이해하지 못한 채 사업을 하다가 실패를 맛본 경험이 있다.

왜 한국사람들은 중국과 중국인을 상대하면서 필요 이상의 혼란과 시행착오를 겪는 것일까? 내가 보기에는, '중국인은 이럴 것'이라는 생각 때문이다. 왜 그런 생각을 하게 되었을까? 일단 한국과 중국은 지리적으로 가깝다. 수천 년 동안 문화 교류를 해왔고 역사적인 접촉도 잦았다. 심지어 조선 시대에는 스스로를 '소중화(小中華)'라고 일컬으며 청나라 오랑캐보다 조선이 더 정통 중화사상을 지킨다고 자부했다.

결국 한국사람은 은연중에 중국인의 사고방식과 행위양식(문화)이 우리와 비슷할 거라고 지레짐작한다. 두 나라 모두 공자에서 시작된 유교(유학)를 기반으로 생활한다고 생각하기 때문이다. 물론 공산화 이후 이른바 '신중국'(중국에서 1949년 수립한 중국 공산당 주도의 중화인민공화국을 일컫는 별칭)은 좀 다른 느낌으로 대하기도 한다. 하지만 1992년 한중수교 이후 지금까지 중국인을 대하는 우리의 태도는 중국인도 우리와 그리 다르지 않을 거라는 생각에서 크게 벗어나지 않았다. 의도한 것은 아니지만, 중국인을 대하기도 전에 선입견을 가지고 시작하는 것이다. 그렇지만, 중국과 중국인에 직접 부딪쳐 보면, 예상과, 즉 우리와 달라도 너무 다름을 경험하고 부정적인 이미지를 가지게 되기 쉽다.

나랏말쓰미 듕귁에 달아

세종대왕이 한글을 창제하면서 선언한 『훈민정음언해』의 첫 마디는 "나랏말쏘미 듕귁에 달아"이다. 우리말이 중국의 것과 다르다는 것이다. 다른 것은 말뿐이 아니었을 것이다. 언어의 한계는 세계의 한계라는 말도 있지 않은가. 말이 다르다는 건 '세계'가 다르다는 것이다. 우리와 중국은 각자 살아가는 세상이 다르다는 뜻이다. 이 당연한 사실에도 불구하고, 중국을 방문하거나 중국인과 접촉해 본 한국사람은 그들이 살아가는 모습이 우리와 전혀 다르다는 사실에 크게 놀란다. 그리고 대부분은 그 차이를 중국과 중국인에 대한 부정적인 시각의 근거로 삼는다. 아마도 경제성장으로 인한 우리의 우월한 경제적 위치가 중국에 대해 자신감과 우월감을 갖게 한 것도 그에 한몫했을 것이다.

총기 소지가 합법인 미국에 가면 여행 가이드가 제일 먼저 하는 말이 있다. 해가 진 뒤에 절대 함부로 밖에 나가지 말라는 것이다. 밤에는 무장 강도가 흔하니 물건을 도둑맞는 정도가 아니라 자칫 총에 맞아 죽을 수도 있기 때문이다. 또 유럽 여행은 어떤가? 파리나 로마에서는 꼭 소매치기를 조심하라는 당부를 듣는다. 그렇다고 해서 우리가 미국이나 유럽 전체에 대해 부정적인 편견을 갖지는 않는다. 그런데 중국에 대해서는 다른 것 같다.

중국에 여행 가면 여행 가이드가 제일 처음 하는 말이 무엇일까? 물건을 살 때 바가지를 쓰기 쉬우니 꼭 흥정해야 한다는 말이다. 총에 맞아 죽는 것과 바가지를 쓰는 것 중에 어느 것이 더 안 좋을까?

분명한 사실은 한국사람은 중국인을 몰라도 너무나 모른다는 것, 그리고 중국을 제대로 이해하지 못하기 때문에 겪는 손해와 실패가 엄청나다는 것이다. 한국인들이 중국에 가진 선입견에서 생기는 오해로 안타까운 손해와 실패를 겪지 않는 데 이 책이 작게나마 도움이 되기를 기대한다.

『증광현문』을 보면 중국인이 보인다

유대인에게 『탈무드』가 있다면, 중국인에게는 『증광현문』이 있다. 탈무드를 통해서 세계 최고의 장사꾼 유대인을 이해할 수 있듯 우리는 『증광현문』을 통해 중국인을 이해할 수 있다.

『증광현문』은 명청 시대 민간에서 어린이에게 반드시 읽혔던 필독서로, 어린이도 알기 쉬운 표현으로 간단명료하게 쓰였다. 지금도 중국에서 어머니가 자식에게 반드시 읽히는 책이다. 중국 서점 어린이책 판매대에 가면 가장 눈에 잘 띄는 위치에 전시되어 있다.

중국에서 오랜 세월 동안 인생의 교훈을 담은 책으로 손꼽는 책은 『명심보감』과 『채근담』 그리고 『증광현문』이다. 『명심보감』과 『채근담』이 비교적 격조 있는 문장을 모은 책이라면, 『증광현문』은 이상적인 윤리나 도덕이 아니라 실제 사회현상과 사람이 살아가는 모습을 있는 그대로 보여준다. 사람이 어떻게 하면 세상을 현명하게 살아갈 수 있는지를 알려주는 일종의 처세술 책이다. 그래서 『증광현문』에는 격언, 속담, 민간구전 설화 등 다양한 종류의 말이 실려 있고, 출처 또한 유학, 불교, 도가의 경전뿐만 아니라 『서유기』, 『삼국지』, 『수호지』 같은 대중문학까지 망라한다.

『증광현문』은 판본에 따라 실려 있는 글귀의 수가 다른데, 보통 초등학생용 판본에는 약 380개의 글귀가 있다. 중국 대학생을 대상으로 조사해 보니, 중국 대학생은 총 380개의 글귀 중 약 205여 개의 글귀를 알고 있었다. 그중 초등학교 교과서에 실린 글귀가 63개, 중학교와 고등학교 교과서에 실린 글귀가 각각 60개와 29개인 것으로 조사되었다. 한국인이 교과서에서 속담을 배우고 대화나 글에서 속담을 쓰는 것처럼, 중국인은 증광현문에 나오는 글귀를 일상생활에서 자주 사용한다.

사실 중국인의 사고방식을 이해하려면 유교의 기원부터 발생, 변화 과정을 다 다루어야 한다. 그러나 그 작업만 해도 책 한 권 분량을 훌쩍 뛰어넘는다. 매우 방대한 작업이다. 이것은 나의 영역도 아니고 능력 또한 미치지 못한다.

그래서 이 책에서는 실생활의 중국인을 이해하는 데 도움이 되는『증광현문』글귀를 소개하면서, 그때그때 필요한 부분이 있으면 더 자세한 설명을 덧붙여 보고자 한다.『증광현문』을 보면 중국과 중국인이 보인다. 중국을 제대로 조망하면서, 동시에 중국인의 생각을 미리 읽어내서 오해와 착각이 아닌 이해의 시선으로 중국과 중국인을 보았으면 한다.

목
차

1부
철저한 실용주의

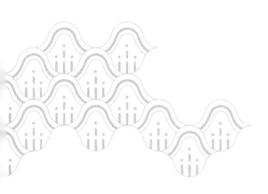

3부
중앙 집권의 추구

2부
천부적 협상가

1부　철저한 실용주의

1장 중국인의 인간관계

멀리 있는 물로는 근처의 불을 끄기 어렵다(遠水難救近火)
어려운 일을 당하면 멀리 있는 친척보다는 가까이 있는 친구가 도
와준다(遠親不如近鄰)

중국인은 게임을 즐긴다. 거리마다 마작방이 있다. 대학생도 틈틈
이 강의실에서(!) 카드놀이를 한다. 동네 어르신들은 길가에서 장
기를 둔다. 처음에는 중국인들이 도박을 좋아하나 보다, 생각했다.
시간이 지나서야 중국인이 게임 자체를 즐긴다는 것을 이해하게
되었다. 게임의 승패도 중요하지만, 실은 게임 중에 나름대로 머리
를 짜내서 자신만의 전략과 전술을 수행하는 과정 그 자체를 즐
기는 것이다.
  중국사람들이 하는 게임 중에 가장 흔한 것이 카드놀이다. 중
국에서는 카드놀이를 푸커파이(撲克牌) 또는 즈파이(紙牌)라고 하
는데, 카드 그림이나 규칙이 서양의 포커와는 좀 다르다. 그중에서
가장 많이 하는 카드놀이가 또우띠주인데, 워낙 유명해서 컴퓨터
게임으로도 나왔다. '또우띠주(鬥地主)'는 '지주와 싸우다'라는 의
미인데, 이름에서 알 수 있듯이 땅을 많이 가진 지주와 농민이 겨

루는 형식의 게임이다. 게임 규칙은 과거 한국에서 방송했던 예능 프로그램 X맨과 비슷하다. X맨은 A팀에 소속되어 있지만, 상대 팀인 B팀의 승리를 위해 임무를 수행하는 사람을 말한다.

또우띠주에서 네 사람이 게임을 할 경우, 카드를 선택해 한 사람은 지주가 되고 세 사람은 농민이 된다. 지주가 특정 그림을 지정하면, 그 카드를 가진 사람은 지주 편이 된다. 지주와 농민 대 나머지 농민 두 사람이 대결하는 것이다.

그런데 이때 지주가 지정한 그림의 카드를 가진 농민은, 본인만 자신의 정체를 알 뿐, 지주와 다른 농민 두 사람은 누가 X맨인지 알 수 없다. 농민이지만 지주와 같은 편으로 게임을 하는 사람이 바로 X맨이다. 지주는 농민 세 사람 중 누가 자기편인지 알 수 없고, 나머지 농민 두 사람도 누가 지주 편인지 알 수 없다. 그래서 누가 X맨인지 예측해 게임을 운영하는 것이 상당히 중요하다. 한편 농민 세 사람은 어떤 상황에서는 자기가 X맨인 것처럼, 또 어떤 상황에서는 X맨이 아닌 것처럼 해야 한다. 즉 상대방을 혼란에 빠트려 잘못 판단하게 해야 이길 수 있는 게임이 또우띠주다.

한국 사전은 모략을 '사실을 왜곡하거나 속임수를 써 남을 해롭게 함. 또는 그런 일'이라고 설명한다. 반면 중국 사전은 모략(謀略)은 '목적을 이루기 위해 자신의 역량을 발휘하여 문제를 해결할 수 있는 모든 대책과 방안을 강구하는 예술'(예술이라니!)이라고 정의한다. 그래서 중국에서는 모략을 부정적으로 생각하지 않는다. 세상을 살아가는 하나의 방법으로 생각할 뿐이다. 이때 도덕이나 양심, 법률은 고려 대상이 아니다. 그렇다고 모든 사람을 모략을 써서 대하지는 않는다. (뒤에서 이야기하겠지만, '꽌시'를 맺은 사람은 예외다. 물론 우리는 꽌시에 대해서도 오해하고 있기는 하다.)

중국에서 모략은 사람이 세상을 살아가는 처세술이다. 그래서 중국에는 모략으로 상대방을 함정에 빠트려 상대방으로부터 이익을 얻을 수 있는 방법을 소개하는 책이 많다. 그중 2007년에 중국 고전 전문가 마수취안(馬樹全)이 당나라 내준신(來俊臣)이 지은 『나직경(羅織經)』을 현대에 맞게 재해석한 책이 있는데 한국에서는 『모략의 즐거움』으로 출간되었다. 원제 '나직경'에서 '나직(羅織)'은 없는 사실을 있는 것처럼 만들어 상대방을 함정에 떨어지게 하여 죄를 덮어씌운다는 의미다. 그리고 '경(經)'은 사서삼경, 불경, 성경 같은 경전이라는 의미다. 중국에서는 상대방을 모략에 빠뜨려 자신의 이익을 얻는 방법을 알려주는 책을 경전과 같이 여긴다는 것을 알 수 있다.

"흥, 역시 중국인들은 다 사기꾼이야.", "역시 중국인들은 믿을 수가 없어." 혹시 지금 책을 읽는 여러분은 이렇게 혼잣말을 하고 있는 건 아닌가? 그런데 그렇게 끝내고 말 일이 아니다. 그러다가 큰코다친다는 뜻이다. 우리는 여기서 더 파고들어야 한다. 그래야 중국과 중국인을 제대로 이해하고 손해 보지 않을 수 있다. 그리고 나는 중국인 이해는 그들이 관계 맺는 방식을 아는 것에서 시작한다고 생각한다.

지자의린(智子疑鄰)
최초로 중국을 통일한 진나라의 통치이념은 법가 사상이다. 법가 사상의 대표라고 할 수 있는 한비자는 여러 나라로 흩어져 있던 중국 사회와 중국인을 분석하고 그에 알맞은 사회 질서 유지 방법과 정치 체제를 법가 사상으로 정리했다. 그래서 『한비자』에는 중국인의 의식구조와 행위양식을 알려주는 우화 이야기가 많다. 대표적인 이야기가 '지자의린(智子疑鄰)'인데, 풀이하면 '아들은 믿을 수 있고 이웃은 믿을 수 없다'는 뜻이다. 아마 중국인이 아니면 이 이야기를 이해하기 어려울 것이다. 나도 처음에는 한비자가 책에 왜 이런 이야기를 썼는지 도무지 이해할 수 없었다. 그래서 중국인 친구에게 물어보았는데, 친구의 설명을 듣고도 여전히 이해되지 않았다. 하지만 중국에서 몇 년간 생활하며 중국인을 겪어 본 후에는 '중국인의 생활방식을 어떻게 이렇게 잘 표현했을까!' 하고 감탄하게 되었다. 중국인이 일상생활에서 사용하는 수많은 사자성어 중에 한비자의 '지자의린'만큼 중국인의 사고방식을 명쾌하게 표현한 글귀는 없을 것이다.

중국 춘추전국시대 송나라에 부자가 살았는데, 어느 날 큰비가 와서 그의 집 담장이 무너졌다. 그러자 부자의 아들과 이웃 사람이 그에게 집 담장이 무너져 도둑이 집안 물건을 훔쳐 갈 수 있으니 조심하라고 했지만, 부자는 그런 충고를 귀담아듣지 않았다. 그날 밤 정말로 도둑이 들어 부잣집 물건을 모두 훔쳐 갔다. 그러자 그 부자는 자기 아들은 도둑이 들 것을 미리 알았다며 지혜롭고 총명하다고 말했다. 하지만 똑같이 조심하라고 말해 준 이웃 사람은 자신의 물건을 훔쳐 간 도둑이 아닌가 하고 의심했다.

자, 이 이야기를 이해할 수 있겠는가? 우리 상식으로는 이웃 사람이 도둑질할 생각이었으면, 부자에게 조심하라고 이야기할 필요가 없었을 것이다. 그런데도 부자는 이웃 사람이 도둑이라고 생각했다. 왜 부자가 이웃 사람을 의심했는지 이해하려면 중국인의 '꽌시' 개념을 제대로 알아야 한다.

자기사람과 기타사람

중국어의 '꽌시(關係)'는 우리 말로 하면 관계라는 의미인데, 주위 사람을 구분한다는 의미를 포함한다. 중국인은 자신이 알고 있는 모든 사람을 '자기사람(自己人)'과 '기타사람(外人)'으로 구분한다. 그 기준이 바로 꽌시다. 즉 자신과 꽌시 관계인 사람은 자기사람이기 때문에 친형제와 같이 서로 도움을 주고받으며 산다. 그렇지만 자신과 꽌시 관계가 아닌 사람은 기타사람이기 때문에 전혀 상관없는 남일 뿐이다. 그러니 어떤 관심을 가질 이유도 필요도 없다. 마찬가지로 기타사람 역시 자신에게 어떤 관심도 가지지 않는다고 생각한다.

그래서 부자는 기타사람인 이웃이 자신에게 도둑을 조심하라고 말하는 것 자체가 선뜻 이해할 수 없는 일이었다. 기타사람이 왜 나의 일에 관심을 가지고 말을 할까? 더군다나 그날 밤 바로 도둑이 물건을 훔쳐갔으니 집 담장이 무너졌다는 사실을 알고 있는 이웃을 유력한 용의자로 의심하는 것은 당연한 일이다.

중국 유학의 창시자인 공자 역시 관계를 구분했다. 신이 없다고 생각한 공자는 사람이 살아가는 방법은 사람 스스로 만들어야 한다고 생각했다. 사람이 살아가는 사회는 질서가 필요하고, 질서 있는 사회가 되려면, 사람들이 기본적인 규칙을 만들어 서로 지켜야 한다. 이 규칙을 강제하는 것이 도덕이다. 그래서 공자가 만든 도덕이 바로 '인(仁)'이다.

『논어(論語)』는 공자가 말하는 도덕, 즉 인(仁)이 무엇인지를 알려주는 구체적인 지침서다. 이것은 그가 죽은 지 3백 년이 지난 기원전 3세기부터 현재까지 무려 2천 3백 년 동안 중국인의 행위 규칙이 되었다.

그런데 공자의 도덕 인(仁)은 모든 사람을 차별 없이 사랑하는 것이 아니다. 공자가 말하는 인은 중용에 기반을 둔 조건적이고 차별적인 사랑이다. 공자는 자신의 가족부터 사랑하고, 그 후에 자신이 가족을 사랑하는 것처럼 이웃을 사랑하라고 한다. 이웃을 가족처럼 사랑하는 사람은 군자(君子)라 하고, 이웃을 가족처럼 사랑하지 못하는 사람은 소인(小人)이라고 불렀다. 소인이 이웃을 가족처럼 사랑하지 않는 것은 당연하다. 그리고 대부분의 사람은 군자가 아니라 소인이다. 즉 자기사람과 기타사람을 구분하는 것이다.

자기사람인가, 아닌가

한국에서 카카오톡 카톡방 프로그램을 많이 사용하는 것처럼, 중국에서는 한국에서 위챗이라고 부르는 웨이신춘(微信群)을 많이 사용한다. 한국 '카톡방'에서 '방'은 사람이 살거나 일을 하기 위해 벽 따위를 막아서 만든 공간이다. 그러니까 카톡방은 카카오톡 프로그램에 여러 사람이 모여 이야기하는 공간이라는 뜻이다. '웨이신춘(微信群)'에서 '춘(群)'은 외부와 구분된 공간이라는 의미다. 그러니까 중국 웨이신춘은 여러 사람이 무리를 지어 외부와 구분된 공간에서 이야기한다는 의미다. 두 나라의 단체 대화 프로그램 이름을 비교해 보면 한국의 '방'은 '살거나 일하는 공간'을 강조하고, 중국의 '춘(群)'은 '외부와 구분된 공간'을 강조하고 있다는 것을 알 수 있다.

중국인 주거 건축양식인 사합원(四合院)도 외부를 향해 닫힌 구조이고, 중국인의 사회생활 방법 꽌시도 같은 구조이다. 중국인은 외부와 구분되는 꽌시 안에서 자기사람들끼리 뭉쳐서 안에서만 적용되는 규칙으로 살아간다고 할 수 있다.

자, 이것이 우리가 알아야 할 중국인 이해의 중요한 기본 전제다. 중국인은 어떤 일을 판단하거나 행동할 때, 가장 먼저 상대방과 자신의 관계부터 고려한다. 즉 상대방과 내가 꽌시 관계인지 아닌지에 따라, 똑같은 상황에서도 차별적으로 판단하고 행동한다. 중국인에게는 그것이 너무나 당연하다. 꽌시 관계인 자기사람에게는 원칙과 규범이 아닌 최대한의 편의를 제공하고, 항상 너그러운 기준으로 다르게 평가하고 판단한다. 반대로 꽌시 관계가 아닌 기타사람일 경우에는 원칙과 규범에 따라 공정하게 처리한다는 핑계로, 어떠한 편의도 제공하지 않는다. 그게 기본 전제다.

중국 병원에서 운전면허 신체검사를 받을 때 일이다. 검사를 받으려는 사람들이 너무 많아서 길게 줄을 서서 기다리고 있었다. 그때 병원 직원이 줄 한가운데 와서 큰 목소리로 어떤 사람 이름을 불렀다. 병원 직원은 그 사람을 찾은 후에, 기다리는 사람들에

전혀 개의치 않고 모두가 들을 수 있는 목소리로, 자신이 알고 있는 누구누구에게 연락을 받아서 먼저 처리해 주겠다고 말하며 그 사람을 데리고 갔다.

하지만 줄을 서서 이런 이야기를 들은 사람 중에 어느 누구도 이의를 제기하지 않았다. 중국인은 꽌시 관계인 자기사람끼리는 작은 일이든 큰일이든 편의를 제공하는 것이 당연하다고 생각하기 때문이다.

조직에서 어떤 일을 결정하기 위하여 회의할 때도 마찬가지다. 참석자들에게는 그 일을 어떻게 결정하면 효율적이고 좋은 결과를 얻을 수 있을까가 중요한 것이 아니라, 어떻게 결정해야 그 결과로 영향을 받을 수 있는 꽌시 관계인 자기사람들에게 이익이 있는지가 우선이다.

중국인이 세상을 어떻게 살아가야 하는지를 알려주는 속담 중에 "공중도덕은 없지만 사적인 도덕은 있다(雖無公德心 但有私德心)"는 말이 있다. 주변 모든 사람에게 공평무사한 도덕적인 마음은 없지만, 사적으로 관련된 사람들에게 적용하는 도덕 같은 규칙이 있다는 것이다.

좀 더 명확하게 표현하면 자기사람은 기타사람과는 다른 차별적 기준으로 대해야 한다는 것이다. 그리고 그 차별적인 기준은 도덕과 법률, 상식에도 우선한다. 중국인은 일상생활 중에 이런 상황이 생기면 간단하게 "공더신스더신(公德心私德心)"('공중도덕 개인도덕'이란 의미다)이라고 말하며 자신의 입장을 설명한다. 그래서 중국인은 자기사람에게는 할 수 있는 모든 편의를 제공해 준다. 덕분에 중국인은 차를 탈 때도 줄을 서서 표를 살 필요가 없고, 병원에 가서 치료를 받을 때도 줄을 설 필요가 없다. 그리고 한편으로 중국인은 기타사람은 어떤 경우에도 도와줄 필요가 없을 뿐만 아니라 기타사람이 자신을 도와줄 것으로 기대하지도 않는다.

여기에 더해 기타사람에게는 도덕, 법률, 상식의 기준을 벗어나서 차별적으로 대해도 되고, 마찬가지로 기타사람 역시 자신을 차별하는 것을 당연하게 생각한다. 만약 어떤 사람이 자기사람과 기타사람을 구분하지 않고 공평하게 대한다면, 그는 주위 사람에게 인정, 중국어로는 정리(情理)가 없는 사람이라는 비난을 받거나 경멸을 당하게 되고, 정상적인 사회생활을 할 수 없게 된다.

황제가 존재하고 유학사상으로 운영하던 전제 국가 시절부터 공산주의 이념이 자리 잡은 지금의 중화인민공화국까지, 중국인의 꽌시는 굳건하게 유효하다. 미래에 중국이 어떤 국가 형태로 바뀌든 중국인은 계속 꽌시로 맺어진 작은 공동생활 집단으로 살아갈 것이다.

기억하자, 한국인은 중국인을 처음 대하는 그 순간부터 기타사람으로 관계를 시작한다. 아무리 우리가 처음에 허심탄회하게 속마음을 터놓고, 모든 것을 다 보여준다고 해도 중국인에게는 그저 기타사람일 뿐이다.

한국인의 착각

한국인은 중국의 꽌시를 한국의 인맥과 비슷하다고 생각하거나 또는 해결사를 이용하여 원하는 결과를 얻는 것처럼 생각하는 경향이 있다. 그러니 꼬일 수밖에 없다. 하지만 이렇게 생각하고 중국인과 이해관계가 걸린 일을 진행하면 원하는 결과를 얻기 힘들 뿐만 아니라, 얼마 지나지 않아 "중국사람에게 당했다." 혹은 "중국사람에게 속았다." 같은 말을 하게 될 가능성이 높다. 한국사람들이 중국인들의 꽌시를 전혀 다르게 이해해서 생기는 일이다.

한국인은 정상적이고 합법적인 방법으로 진행되지 않는 일을 비합법적이고 비정상적인 방법을 사용하여 해결할 때 꽌시가 필요하다고 생각한다. 하지만 그 일 자체가 비합법적인지, 비정상적인지는 개의치 않는다. 그러나 중국인은 정상적이고 합법적인 일이 비정상적으로 진행될 때, 그 일이 순조롭게 진행되도록 하는 것을 꽌시라고 생각한다. 물론 중국인도 일을 처리하면서 비정상적인 방법을 사용하여 해결하는 경우가 있다. 중국인은 이런 경우를 꽌시가 아닌 '조우호우먼(走後門)'이라고 한다. 조우호우먼은 '뒷문을 이용한다'는 뜻이다. 풀어 말하자면, 아는 사람을 통해서 편법으로 일을 해결한다는 뜻이다. 물론 꽌시 관계일 경우에는 조우호우먼도 당연하다고 생각한다.

한국인이 중국인에게 금전을 대가로 도움을 요청하고 어떤 일을 해결했다면, 그것은 꽌시가 아니라 조우호우먼을 이용한 것이다. 쉽게 말해 브로커를 이용했다고 표현하면 맞겠다. 이것은 당연히 일회성 거래다. 해결의 대가로 금전을 지불하지만, 영수증을 주고받지도 않고 사후서비스도 없다.

만약 한국인이 중국인에게 이해관계가 걸린 일을 도와 달라고 부탁했는데, 중국인이 그에 상응하는 반대급부(금전) 없이 한국인이 요청한 일을 해결해 주었다면, 이 때는 꽌시로 문제를 해결했다고 할 수 있다. 하지만 이런 경우 도움을 받은 사람은 도움을 준 상대방에게 언젠가는 반드시 갚아야 할 빚을 진 것이다. 후에 도움을 준 상대방이 도움을 요청하면 거절할 수 없다. 그래서 중국인은 꼭 필요한 경우가 아니면, 이해관계가 걸린 일을 꽌시로 해결하려고 하지 않는다.

의리와 의기

중국인이 일상생활에서 자주 사용하는 말 중에 "의리를 지키는 사람과는 함께하지만, 의리를 지키지 않는 사람과는 함께하지 않는다(講義氣在一起 不講義氣不在一起)"가 있다. 중국인이 의리를 얼마나 중시하는지 알 수 있는 말이다. 한국어로는 의리(義理)라고 해석했지만, 원래 중국어 단어는 '의기(義氣)'다. 중국인은 의리라는 단어를 잘 사용하지 않는다. 한국 사전에서는 의리를 사람으로서 마땅히 지켜야 할 도리, 사람과의 관계에서 지켜야 할 바른 도리라고 풀이한다. 중국에서 한국의 의리와 같은 의미를 가진 단어는 '의(義)'다. 그런데 중국인은 일상생활에서 의(義)라는 단어 역시 별로 사용하지 않는다.

흔히 『삼국지』의 관우를 '의리의 화신'이라고 표현하지만, 중국어로는 '의기(義氣)의 화신'이라고 해야 정확하다. 의기를 한국 사전에서는 '의리, 의협심이 많다'고 풀이한다. 하지만 중국 사전에서는 '다른 사람을 위해 자신을 희생할 수 있는 기개와 절개가 있는 마음'이라고 한다. 그래서 앞 단락의 글귀를 정확히 번역하면 "다른 사람을 위해 자신을 희생하는 사람과는 함께하지만, 그렇지 않은 사람과는 함께하지 않는다"는 의미가 된다.

그러면 관우가 어떻게 살았기에, 중국인이 관우를 의기의 화신이라고 하며 본받으려고 하는 걸까? 관우는 중국 역사에서 다른 사람을 위해 자신을 희생한 사람으로 손꼽힌다. 관우는 유비, 장비와 의형제(義兄弟)를 맺고 죽을 때까지 유비와 장비에 대한 의기를 지키기 위해 살았다. 그러니까 일생을 살아가는 동안 관우에게는 생각과 판단과 행동에 유비와 장비에 대한 의기가 가장 중요했다는 의미이다. 반대로 말하면 유비와 장비 외의 다른 사람은 관우가 관심 두고 신경 쓸 대상이 아니었다는 뜻이기도 하다.

더군다나 의기는 다른 사람을 위해 자신을 희생한다는 의미만 있지, 다른 사람을 위해 자신을 희생하는 행위가 사람이 마땅히 지켜야 할 도리(義)인지 아닌지는 구분하지 않는다. 도덕적인지, 비도덕적인지, 합법적인지 불법적인지, 정의로운지 정의롭지 못한지는 고려의 대상이 아니다. 단어 의미대로만 보면 뒷골목 깡패가 두목과 동료를 위해 하는 비도덕적인 행동도 의기라고 할 수 있다. 조금 심하게 표현하면 관우는 단지 자신과 의형제를 맺은 패거리만을 위해 행동한 사람이다. 그런데도 중국인은 왜 의기 넘치는 관우를 좋아하고, 중국 사회는 그것을 당연하게 받아들일까? 답은 역시 꽌시에 있다.

중국인은 일상의 하루하루, 매 순간을 꽌시로 살아간다. 중국에서 꽌시란 개개인이 서로 신뢰할 수 있는 사람과 소규모 공동체, 생활집단을 만들어 함께 살아가는 방식이다. 관우가 유비, 장비와 의형제를 맺어 살아간 방식이 바로 중국인이 생각하는 꽌시의 전형적인 모습이다. 그래서 중국인은 이렇게 살았던 관우를 좋아하는 것이다.

중국에서는 철저하게 꽌시 관계를 맺은 자기사람과 그렇지 않은 기타사람을 구분한다. 자기사람과 기타사람을 대하는 태도도 물론 하늘과 땅 차이다. 자주 만난다고 해서, 속마음을 좀 이야기했다고 해서 꽌시 관계가 되는 것이 아니다. 착각하면 안 된다.

2장 돈과 중국인

돈 있는 사람이 하는 말은 모두 옳고(有錢道眞語)
돈 없는 사람이 하는 말은 모두 그르다(無錢語不眞)
아니라고 생각하면 연회 자리에 가봐라(不信但看筵中酒)
모두 돈 있는 사람에게만 술을 권한다(杯杯先勸有錢人)

세계 4대 성인을 시대순으로 꼽자면 석가모니, 공자, 소크라테스, 예수다. 네 사람 중에 왕자로 태어난 석가모니와 명문 귀족의 아들로 태어난 소크라테스는 어려서 가난을 경험하지 못했을 것이다. 아버지가 목수였던 예수는 풍족하지는 못했겠지만, 그래도 부모의 울타리 안에서 자랐다. 하지만 공자는 세 살 때 아버지를 여의었고, 열일곱 살에 어머니마저 저세상 사람이 되었다. 고아가 된 공자는 창고지기를 비롯해 남의 가축을 돌보는 허드렛일을 하며 먹는 것을 걱정해야만 하는 밑바닥 생활을 체험했다.

『논어』의 돈
『논어』에는 공자가 돈에 관해 어떻게 생각하는지 알 수 있는 구절이 많다. 예를 들면, "가난한 사람이 세상을 원망하지 않는 것은 어렵고, 돈 많은 부자가 교만하게 처신하지 않는 일은 의외로 쉽다(貧而無怨難 富而無驕易)"는 말이 있다. 부자가 겸손하게 처신하는 것은 쉬운 일이며, 오히려 가난한 사람이 세상을 원망하지 않는 것이 어려운 일이라는 의미다. 인생 밑바닥에서 지독한 가난을 겪은 사람이 아니면 이런 말을 하지 못한다. 공자는 이런 말도 했다. "세상을 올바르게 살아가는 사람인 성인군자도 돈을 좋아한다. 다만 그 방법이 정상적이어야만 한다(君子愛財 取之有道)." 방법만 정당하다면 누구든 돈을 벌기 위해 무슨 일이든 할 수 있다는 것이다.

『논어』「술이」편에서는 자신도 돈을 벌고 싶다는 마음을 우회적으로 표현했다. "부자가 될 수 있다면 말채찍을 들고 수레라도 끌겠지만, 아니라면 내 좋은 대로 살겠다(富而可求也 雖執 鞭之士 吾亦 爲之 如不可求 從吾所好)." 말채찍을 들고 수레를 끈다는 것은 천한 일을 한다는 것이니, 돈을 벌 수 있는 일이라면 아무리 천한 일이라도 할 수 있다는 뜻이다.

예의는 돈에서 나온다

공자 말고도 돈을 이야기한 중국 위인은 많다. 춘추시대 제나라 관중은 "창고가 차야 예의(도덕)를 알고, 입고 먹는 것이 풍족해야 부끄러움을 안다(倉庫實而知禮節 衣食足而知榮辱)."라고 하면서 예의(도덕)란 돈이 있을 때 생겨나고 돈이 없으면 사라진다고 했다.

전국시대 맹자 역시 비슷한 글을 남겼다. "먹고 사는 것이 족해야 도리를 안다(衣食足而知禮儀)." 사람이 돈이 있어야 예의를 차릴 수 있다는 것이다. 그러면서 "백성은 경제적 기반이 있어야 항상 올곧은 마음을 가질 수 있다며, 백성이 경제적 기반이 없으면 예의를 지키고 싶어도 그럴 수 없다(有恆產者有恒心 無恆產者無恒心)."라고 했다.

맹자의 경제관념을 배워서인지, 현재의 중국을 건국한 마오쩌둥(毛澤東) 역시 "인민이 배부르게 먹고 마실 음식과 편하게 잠잘 집과 몸을 따듯하게 할 옷을 해결하지 못하면 정치도 과학도 예술도 없다(人们首先必须吃、喝、住、穿, 然后才能从事政治、科学、艺术)."라고 말했다.

그리고 『증광현문』에는 다음과 같은 구절이 나온다.

사람이 경제적으로 풍족해지면 저절로 예의를 알게 되고(禮義生於富足)
사람이 생활이 곤궁해지면 저절로 도둑이 된다(盜賊出於貧窮)

어려서부터 집에서는 부모님에게, 학교에서는 선생님에게, 읽는 책에서까지 돈에 대한 이러한 이야기를 접하며 자란 중국인은 당연히 인생에서 돈이 가장 중요하다고 생각하고, 그렇게 행동하며 살아간다. 중국 대학생들에게 졸업 후에 무엇을 할지 물어보면 하나같이 약속이라도 한 듯 모두 돈을 벌겠다고 답한다. 미처 이런 답변을 예상치 못한 내가 다시 "그럼 돈을 벌기 위해 무엇을 할 것이냐?"라고 물어보면 그제야 어떤 회사에 취직하려고 하는지, 공무원 시험을 보려고 하는지, 자기 사업을 하려고 하는지 구체적으로 대답한다.

물론 대부분의 한국 대학생도 졸업 후 취업한다. 그리고 처음 직장 생활을 시작할 때는 직장에서 자신의 능력을 펼쳐 꿈을 이루겠다는 포부를 가진다. 물론 2~3년 직장 생활을 하고 나면 결국 직장을 "돈 벌기 위해 다니는 곳"으로 생각하게 되기는 한다. 하지만 중국인은 처음 직장 생활을 시작할 때부터, 직장은 돈을 벌기 위해 선택한 곳이라는 확실한 인식이 있다. 그러니까 직장 생활에서 가장 중요한 일은 내가 돈을 버는 것이다. 그래서 중국인에게 직장은 돈을 벌 수 있는 장소 그 이상도 그 이하도 아니다.

중국인에게 직장이란, 직장에서 요구하는 노동을 제공하고, 그 대가로 급여를 받는 장소일 뿐이다. 그리고 돈을 벌기 위해 직장에 취직했기 때문에 직장이라는 조직을 이용하여 별도로 돈을 버는 것 역시 당연한 일이다. 직장에서 제공하는 급여 외에 말이다. 그리고 직장을 이용하여 금전을 챙기는 건 본인의 능력이기 때문에 주변 직장 동료가 이런 일을 알더라도 관여할 바가 아니다. 그러니까 중국에서는 직장을 이용하여 돈을 버는 직원이 잘못된 게 아니고, 직원이 그렇게 할 수 있도록 빈틈을 보인 직장 경영자와 관리자가 무능한 것이다.

앞서 말했듯이 중국인은 어떤 일을 판단하고 행동할 때, 자신과 상대방이 어떤 관계인지를 가장 먼저 고려한다. 즉 나와 상대방이 꽌시 관계인지 아닌지에 따라 똑같은 상황에서도 다르게 판단하고 행동한다. 이것을 늘 기억해야 한다. 꽌시 관계인 자기사람이 관련된 일은 자기 일처럼 열과 성을 다해 일을 처리한다. 하지만 그 일이 기타사람과 관련된 경우에는 그럴 필요가 없다.

중국인에게 직장이란 자신과 아무런 꽌시 관계가 없는 기타사람일 뿐이다. 그래서 직장에 다니고 있을지라도, 그 직장 업무를 열심히 할 이유도 필요도 없다. 주어진 일을 하고 급여만 받으면 된다. 급여 외에 자신의 능력으로 회사를 이용해 돈을 벌 수 있으면 더 좋다.

마누오의 촌철살인

2010년 6월 중국 장쑤성 텔레비전에서 청춘 남녀의 만남을 다룬 '페이청우라오(非誠勿擾)'를 방영했다(한국에서도 '비성물요'라고 검색하면 많은 내용을 알 수 있다). 이 프로그램은 방송되자마자 큰 인기를 끌었는데 그 이유가 재미있다. 먼저 프로그램 제목부터 사람들의 주목을 받았다. '페이청우라오'란 중국인이 블로그에서 사용하는 인터넷 용어로 '정성이 없으면 귀찮게 하지 마세요'라는 의미다. 블로거가 인터넷 블로그에 글을 올리고 다른 사람에게 댓글은 정성을 가지고 달아 달라고 부탁할 때 사용하는 말로, 글의 내용과 상관없는 장난 댓글이나 논리적이지 않은 일방적인 댓글은 사양한다는 뜻이다.

아마도 방송에 참여하는 청춘 남녀가 파트너를 고를 때 스스로 자신의 수준을 생각해 보고 자기 수준에 맞는 상대를 고르라는 뜻이었을 것이다. 쉽게 말해, 자신이 생각하는 수준보다 훨씬 떨어지는 상대가 접근하면 "어디 감히!"라고 짜증을 내는 장면을 떠올리면 된다. 제목도 제목이지만, 방송이 시작되자마자 폭발적인 인기를 얻은 데는 또 다른 이유가 있었다. 여성 참가자인 마누오(馬諾)의 촌철살인 같은 한마디 때문이었다. 지금도 중국 인터넷에서

'페이청우라오'를 검색하면 연관 검색어로 마누오가 나온다.

마누오가 프로그램에 출연했을 때 자전거 타기를 취미로 가진 남성 참가자가 호감을 보이며 자신의 자전거 뒤에 타고 같이 야외에 놀러 가자고 했다. 그런데 제안을 받은 마누오가 남성 참가자에게 한 말이 대 히트였다.

"나는 BMW 고급 승용차 뒤에 앉아 울겠어요."

돈이 없어 자전거 타기를 취미로 가진 남자와 놀러 다니기보다는 돈이 많아 고급 외제차 운전하기를 취미로 가진 남자와 다니겠다는 말이다. 이것을 중국 뉘앙스로 풀어 말하면 이렇다. "돈은 없지만 나를 정말 좋아하는 남자와 살기보다는 나를 진심으로 좋아하지는 않더라도 돈이 많은 남자와 살겠다." 그래서 중국에서는 마누오의 말이 "BMW 뒤에 앉아 울지언정 자전거 뒤에 앉아 웃지 않겠다(宁愿坐在宝马里哭, 也不愿坐在自行车上笑)."라며 회자된다.

격이 높은 문자를 사용해 "사람은 태어나면서부터 돈을 좋아한다(富者 人之情性 所不學而俱欲者也)."라고 말한 중국 최고 역사가 사마천의 글귀 못지않게, 마누오의 이 말도 고사성어처럼 중국 역사에 길이 남지 않을까.

미모의 의미

돈을 좋아한다는 사실을 당당하게 이야기하는 중국인에게 미(美)는 어떤 의미를 가질까? 역시 돈과 연관 지을 수밖에 없다. (한류의 영향 때문인지는 몰라도) 중국인은 한국 성형외과가 얼굴을 더 잘 고 친다고 생각하는 경향이 많다. 그래서 중국에서는 성형 병원 이름 을 지을 때 되도록이면 한국과 관련이 있는 글자를 사용하고는 한 다. 예를 들어 산둥성에는 한씨정제(韓氏定制)라는 병원이 있다. 한 씨 성을 가진 의사가 고객의 얼굴을 주문 제작한다는 뜻이다. '한 씨(韓氏)'는 한씨 성이라는 의미지만 한국사람이라는 이미지를 떠 오르게 하기도 한다.

병원 이름도 재미있지만 간판 옆에 적혀 있는 문구가 더 눈길을 끈다. 바로 '上帝欠您的 韓式還給您'다. 해석하면 '하느님(삼신할머 니)은 결함 있는 당신을 만들었지만, 한씨 성을 가진 의사가 당신 을 고쳐드립니다'라는 의미다. 이렇게 병원 간판은 아름다워지고 싶은 여성의 마음을 겨냥하는데, 병원 내부로 들어가면 또 약간 다르다. 병원 내부는 돈을 좋아하는 중국인의 욕망을 직설적으로 겨냥하고 있다. 병원 복도에 '美麗是女人 最大的財富'라는 문구가 붙어 있는데, 해석하면 이렇다. '예쁜 얼굴은 여성에게 가장 큰 재 산이다.'

하나 더 말해 보자. 한국에서처럼 중국에서도 여성들이 피트니 스센터에 모여 코치의 구령에 따라 운동을 한다. 그런데 코치의 구령이 노골적이다. "몸매는 곧 여러분의 밑천입니다. 몸매를 예쁘 게 만드는 운동을 합시다. 그러면 여러분이 돈을 벌게 될 것입니 다(身體就是你們的本錢 只有把身體練好了 你們才能發大財)."

물론 한국에도 '예쁜 것도 능력'이라는 말이 있고, 미남이나 미 녀가 사회생활에서 유리한 고지를 차지한다고 생각하는 사람들도

있다. 하지만 한국의 성형 병원은 내놓고 "성형수술을 해서 예뻐지
십시오. 그러면 돈을 더 많이 벌 수 있습니다."라고 광고하지는 않
는다. 하지만 중국인에게는 돈으로 예쁜 얼굴을 사는 게 당연하
다. 예쁜 얼굴을 구입하기 위해 돈을 투자했으니 예쁜 얼굴로 돈
을 더 많이 벌어야 하는 것도 당연하다. 그리고 이런 사실을 말하
는 데 전혀 주저할 게 없는 것이 중국이다.

성공의 기준

중국인이 드러나게 돈을 좋아한다고 표현하는 이유는 어려서부터
사람이 돈을 좋아하는 것은 본능이라고 배우기 때문이다. 그러면
중국인은 왜 돈에 집착할 수밖에 없다고 생각하게 되었을까. 중국
인의 세계관에서 해답을 찾을 수 있다. 중국의 천지 창조 신화 반
고 이야기는 중국인의 세계관을 보여주는 대표적인 신화다.

세계는 원래 하늘도 없고 땅도 없는 혼돈 상태였다. 반고는 그 속에서
태어나고 자랐다. 반고가 자라서 키가 커지자 공간이 답답하여 손으로
윗부분을 들어올렸는데 이때 위로 올라간 부분이 하늘이 되었다. 아랫
부분은 당연히 땅이 되었다. 그 후 반고가 늙어 죽게 되었다. 반고의 시
체는 해체되어 머리와 팔다리는 오악(五岳. 중국에 있는 다섯 개의 산)으
로 변했고, 피와 눈물은 강과 하천이 되었으며, 눈은 해와 달이 되었고,
신체에 있던 털은 풀과 나무로 변했다. 그의 입김은 비바람으로 변했고,
음성은 천둥이 되었다.

서양에서 천지 창조를 한 신은 어떤 형태로든 죽지 않고 영생하는 법인데, 중국 신화에서는 우주를 창조했다는 반고도 결국은 죽었다. 다음은 중국의 인간 창조 신화인 여와 이야기다.

태초에 여와는 인간이 없는 고요한 세상이 재미가 없어서 진흙으로 인간 모양을 만들었다. 인간 모양 진흙을 땅에 두자 진흙에 생명이 부여되면서 이리저리 왔다갔다하며 말을 했다. 인간이 만들어진 것이다. 여와는 계속해서 진흙으로 인간을 만들었지만, 세상을 인간으로 채우기에는 힘에 부쳤다. 그래서 넝쿨을 가지고 진흙을 내리쳤고, 공중으로 흩어진 진흙이 인간으로 변했다. 이렇게 해서 인간의 수가 빠르게 늘어났고, 세상 곳곳에 인간들이 살게 되었다.

한국의 대표적인 신화인 단군 이야기와 비교해 보자. 단군은 죽지 않고 계속해서 나라를 다스리고 하늘로 올라갔다. 그러나 중국은 다르다. 모두 죽는다. 천지를 창조한 반고도 죽고, 본래 진흙으로 만든 인간은 당연히 죽는다. 중국 신화에서 죽지 않고 영원히 사는 방법은 신선이 되어 하늘에 올라가 '서왕모' 과수원에 있는 복숭아를 먹는 것 외에는 없다. 중국의 도교에서 말하는 대표적인 신선이 서왕모이다. 하늘에 사는 서왕모에게는 신비한 복숭아가 열리는 과수원이 있다고 한다. 이 복숭아를 먹으면 죽지 않고 영원히 살 수 있어서, 서왕모가 잔치를 열면 세상의 모든 신들이 이 복숭아를 먹기 위해 참석했다고 한다.

중국인들은 화상석을 많이 만들었다. 화상석이란 중국 한나라

(기원전 206년~기원후 220년) 시대 궁전이나 무덤, 사당 구조물을 석재로 만들고 그 석재에 그림을 새긴 유물이다. 사람들은 화상석에 예로부터 전해져 내려오는 신화, 전설, 역사를 그림으로 새겼다. 이 화상석 맨 위에 가장 크게 새겨진 인물이 바로 서왕모. 서왕모 옆에 1/2 크기로 인간을 창조한 여와와 남편 복희가 함께 새겨져 있다. 그리고 화상석 조각 그림에는 서왕모 주변에 어깨 날개가 달린 신선들이 둘러서서 서왕모에게 복숭아를 달라고 조르는 모습이 새겨져 있다. 한나라 사람들이 인간을 창조하여 자신들을 있게 해준 여와보다 서왕모를 더 중요하게 생각하고 조각했다는 걸 알 수 있다. 사람들은 자신도 신선이 되어 서왕모에게 가서 복숭아를 얻어먹고 죽지 않고 오래 살고 싶어서, 자신(인간)을 만든 여와보다 죽지 않고 오래 살게 해줄 수 있는 서왕모가 더 중요했던 것이다.

중국인은 인간이 죽으면 끝이라고 생각한다. 그래서 죽은 후에 영혼으로 변해서 하늘에 올라가 영원히 생명을 이어간다고 생각하지 않는다. 비록 현실적인 이야기는 아니지만, 2천 년 동안 어려서부터 할머니와 할아버지, 어머니와 아버지에게 이런 얘기를 들으며 살아온 중국사람들은 세계 어느 나라 사람보다도 하늘을 날고 싶다는 욕망이 큰 것 같다.

중국 무협 소설에도 하늘을 나는 무림 고수 이야기가 많이 나온다. 당연히 중국 영화에도 배우가 하늘을 날아다니는 장면이 많다. 중국 최고 술 브랜드 '우량에' 회사 광고에도 사람이 하늘을 날아다니는 장면이 나온다. 소설과 영화와 광고에서 중국인의 하늘을 날고 싶은 욕망을 소재로 이용한 모습이다.

서왕모는 하늘 높은 곳에 있다. 만약 사람이 하늘을 날 수 있다면, 그래서 하늘 높이 날아올라 서왕모를 만나 복숭아를 얻어먹을 수만 있다면 신선이 되어 죽지 않고 오래 살 수 있다. 이런 욕망을 간접적으로나마 만족시켜 주는 상품이 바로 드론이다. 세계에서 드론 상품이 가장 많이 팔리는 나라가 중국이고, 세계 1위 드론 생산 회사 DJI가 중국 회사다.

현세주의적 성공

중국에서 초자연적인 신의 존재나 사람이 죽으면 귀신이 돼 극락이나 지옥에 간다는 종교는 대부분 성공하지 못했다. 1850년 중국에서 태평천국의 난을 일으킨 홍수전이라는 사람은 자신이 기독교 예수의 동생이라며, 기독교의 천국을 사람이 죽은 후가 아니라, 사람들이 지금 살고 있는 '현실'에서 실현하겠다고 했다. 이래야만 중국인이 관심을 가진다.

중국인은 내세를 믿지 않는다. 사람은 죽으면 그것으로 끝이라고 생각한다. 그래서 철저히 현세주의적으로 살아간다. 그들에게 가장 중요한 것은 죽은 후에 영생을 얻어 천국에서 영원히 사는 것이 아니라, 지금 살고 있는 현실에서 성공해서 행복하게 사는 것이다.

성공을 한국어 사전에서는 '목적하는 바를 이루는 것'으로, 중국어 사전에서는 '수량화가 가능한 가치를 가지는 일을 실현하는 것'으로 설명한다. 내가 어떤 일을 이루었는데, 그 결과물이 금전으로 수치화할 수 있는 경우에만 성공했다는 뜻이다. 그러니 돈을 사랑하지 않을 수 있겠는가. 어떻게든 살아 있는 동안에 돈을 많이 벌어야 하지 않겠는가. 살아 있을 때 돈을 많이 버는 것. 그것이 바로 성공이다. 돈만 있으면 다 이루어진다.

이것은 중국어를 보아도 알 수 있다. 중국어에는 '말이나 행동으로 상대방의 환심을 얻고 인기에 영합하여 호감을 얻는다'는 뜻의 '마이하오(買好. 호감을 사다)', '돈이나 재물 등으로 사람을 사서 자기가 얻고자 하는 이익을 챙긴다'는 뜻의 '마이통(買通. 이익을 사다)', '정당한 방법이 아닌 부당한 방법으로 자신의 이익을 얻는다'는 뜻의 '마이피에니(買便宜. 방법을 사다)', 직역하면 돈을 주고 체면을 산다는 뜻이지만 실제로는 상대방이 돈으로 체면을 산 사실을 눈감아 준다는 뜻의 '마이미앤즈(買面子. 체면을 사다)'라는 일상용어가 있다. 즉, 무엇이든 돈만 있으면 다 살 수 있다고 생각하고, 실제로 그렇게 말하는 것이다.

이런 중국인의 생각을 가장 잘 표현한 속담이 "돈이 있으면 귀신에게 맷돌을 돌리게 할 수 있다(有錢能使鬼推磨)"와 "돈은 신에게도 통한다(錢能通神)"이다. 돈만 있으면 세상 모든 것뿐만 아니라, 심지어 신까지도 움직이게 할 수 있다. 돈으로 옥황상제와 부처님, 하나님도 사고팔 수 있다는 것이다.

돈을 바라보는 시각

중국인을 상대해 본 한국인은 중국인이 돈을 너무 좋아한다고 한다. 하지만 어느 시대 어느 나라 사람이든 누구나 돈을 좋아한다. 한국인도 돈을 좋아한다. 하지만 한국인은 자신이 돈을 좋아한다는 사실을 공개적으로 이야기하기를 꺼리는 경향이 있다.

한국인이 중국인이 돈을 너무 밝힌다고 느끼는 이유는, 중국인이 돈을 좋아한다는 사실을 거리낌 없이 말하고 또 그렇게 행동하기 때문이다. 앞에서 말한 것처럼 중국인은 어려서부터 가정에서 부모님에게, 학교에서 선생님에게 사람이 돈을 좋아하는 것이 당연하다고 배우기 때문이다.

중국 여대생 핸드폰 케이스를 보면 중국인이 얼마나 솔직하게 돈을 좋아한다고 표현하는지 알 수 있다. 중국 여대생들이 많이 가지고 다니는 핸드폰 케이스에는 "나는 돈을 좋아한다. 그런데 내가 돈을 얼마나 좋아하는지는 결코 말이나 글로 표현할 수 없을 정도다(我喜歡錢 很喜歡喜歡得不得了)."라고 써 있다.

이런 시각은 실제 현실 생활에서 철저한 합리적인 모습으로 드러난다. 돈을 좋아한다고 확실하게 표현하는 만큼 돈 계산 역시 확실하다. 그래서 부모자식 간에도 돈과 관련해서는 맺고 끊는 것이 분명하다. 중국 코미디 프로 하나를 소개한다. 금요일 저녁, 회사일로 늘 바쁜 아버지와 모처럼 함께 놀고 싶었던 아이가 먼저 대화를 시작한다.

"아버지, 회사에서 1시간 일하면 얼마를 벌어요?"
"1시간에 20위안 벌지."
"그러면 저한테 용돈 20위안만 주세요."
"여기 있다."
"자, 이제 제가 20위안을 드릴 테니 내일 저랑 1시간만 놀아주세요."

"내일 1시간을 놀아달라고?"

"네! 20위안을 드릴게요."

"음, 그건 곤란해. 내일은 토요일이라서 휴일 근무 수당으로 40위안을 받아야 하거든."

중국에서 휴일 근무 수당은 평일 근무 수당의 두 배다. 아버지에게 놀아달라고 돈을 내는 아들이나, 돈을 내는 아들에게 휴일근무를 따지는 아버지나 우리 눈에는 너무나 이상하게 보인다.

중국 대학교에서 강의하면서 알게 된 중국 대학생이 있다. 방학 기간이라 한국에 귀국해 잠깐 쉬는 동안 그 중국 대학생도 마침 가족과 함께 한국에 놀러 왔다. 나는 시간을 내 중국 학생과 그 가족에게 여행 가이드를 해주었다. 한국과 중국을 오가며 지내다 보니 이런 일이 종종 생긴다.

중국으로 돌아간 후 이번에는 중국 대학생 아버지에게 연락이 왔다. 한국에서 고마운 일이 있었으니 이제 반대로 나를 초대해서 자신의 고향을 구경시켜 주겠단다. 덕분에 춘추전국시대 강태공이 세웠다는 제나라 박물관도 구경하고, 오랫동안 사귄 친구 사이를 일컫는 중국 고사성어 관포지교(管鮑之交)의 주인공인 관중 사당에도 방문할 수 있었다.

나와 학생 아버지는 한국에서 처음 만나고 중국에서 두 번째로 만난 사이였다. 서로 잘 알지 못하기 때문에 깍듯하게 예의를 지켰다. 특히 학생 아버지는 내가 본인 자녀를 가르치는 선생이라는 점 때문에 매사를 조심했다. 그런데 학생 아버지가 이런 말을 했다. 자신은 중소 규모의 공장을 운영하는데, 거래처에서 공장을 방문하면 언제나 고향에 있는 두 유적지, 춘추전국시대 제나라 박물관과 관중 사당을 안내한다는 것이다. 그래서 유적지에 몰래 들어갈 수 있는 뒷문(한국에서는 일명 '개구멍'이라고 할 법한)을 알고 있다고 했다. 그러면서 한국사람인 나를 뒷문으로 안내했다.

두 유적지 입장료는 각각 30위안(한화로는 약 5천 원)이었지만 우리는 그곳을 공짜로 구경했다. 형편이 어려워서 뒷문으로 안내한 것은 아닌 것 같다. 그 학생의 아버지는 나를 위해 중국 전통 양식 고급 호텔을 이틀 동안 예약해 주었는데, 하루 숙박비가 한국 돈으로도 15만 원이나 되는 곳이었다. 그 정도 숙박비도 내주었는데, 이에 비하면 유적지 입장료는 아주 푼돈이었던 것이다.

한국인인 나라면 겉으로 보이는 체면 때문에라도 외국인을 뒷문으로 몰래 들어가게 하지는 않았을 것이다. 하지만 중국인은 돈을 절약할 수 있는 방법이 있으면 어떤 상황에서라도 그 돈을 낭비하지 않는다.

『한비자』의 인간관

애덤 스미스는 "우리가 편하게 밥을 먹을 수 있는 건, 빵집 사장이 빵을 팔고 정육점 사장이 고기를 파는 덕분"이라고 말한다. 그런데 빵집과 정육점 사장은 우리가 편하게 밥을 먹으라고 빵과 고기를 파는 게 아니라 자신의 이익을 위해, 즉 돈을 벌려는 이기심 때문에 일을 한다고 설명한다. 그러면서 인간의 이기심을 긍정적으로 인정해야 한다고 주장한다. 그는 저서 『국부론』에서 인간의 이기심을 인정하는 내용으로 자본주의 기본 이론을 만들어 세계적인 경제학자가 된다. 하지만 그보다 2천 년을 먼저 살았던 중국사람 한비자는 그때 이미 이런 내용을 책으로 남겼다.

『한비자』에는 의사가 입으로 환자의 상처에서 고름을 빨아내는 것은 환자를 불쌍히 여기는 마음 때문이 아니라 병을 고쳐주고 사례를 받기 위해서라는 내용이 나온다. 그러면서 법가 사상가인 한비자는 "사람의 마음을 움직이게 하는 것은 애정도 동정심도 의리도 인정도 아니고 오직 개인의 이익뿐이며, 이기심에 따라 움직이는 동물이다(非輿人仁而匠人賊也 人不貴 則輿不售 人不死 則棺不買 情非憎人也 利在人之死也)."라고 결론 짓는다.

동양이든 서양이든 세상을 움직이는 동력인 경제의 바탕에는 돈을 벌겠다는 인간의 마음이 있다. 중국인의 가치관 형성에 가장 큰 영향을 끼친 공자도 인간이 돈을 좋아하는 마음을 인정하고, 자신도 역시 돈에 대해 부정적으로 생각하지 않았다(그런데 중국 유학을 받아들인 한국인은 공자가 마치 신과 같이 물욕이 없는 성인이라고 오해하는 경향이 있다).

3장 장사의 경전, 「화식열전」

사람은 비정상적인 방법이 아니면 부자가 될 수 없고(人無橫財不富) 말은 밤에 몰래 풀을 먹지 않으면 살진 말이 될 수 없다(馬無夜草不肥)

『증광현문』은 정상적인 일, 즉 모두가 정당하다고 생각하는 방법으로는 결코 큰돈을 벌 수 없다고 한다. 앞서 보았듯 중국인은 돈을 사랑한다. 그러면 우리나라 사람은 돈을 사랑하지 않을까? 아니다. 세상에 돈을 사랑하지 않는 사람이 어디 있을까? 그런데 왜 우리는 중국인들이 돈을 사랑하는 모습을 보면서 놀랄까? 그게 그렇게 놀랄 일일까? 나는 그렇지 않다고 생각한다. 차이는 내용이 아니라 표현인 것 같다. 우리나 중국인이나 똑같이 돈을 사랑하지만, 그걸 표현하는 방식에 놀라는 것이다. 중국인이 장사하는 모습을 보자.

「화식열전(貨殖列傳)」
돈을 좋아하는 중국인은 어떤 방법으로 돈을 벌까? 중국 최고 역사서로 꼽히는 사마천의 『사기(史記)』에는 정치, 사회, 문화 등 다양한 분야의 이야기가 담겨 있다. 당연히 경제 편도 있는데, 이를 「화식열전」이라고 한다. '화식(貨殖)'은 재물을 늘린다는 의미고, '열전(列傳)' 인물에 관한 기록을 뜻한다. 그러니까 「화식열전」은 2천 년 중국 역사에서 재물을 많이 늘린 인물에 관한 기록이다. 사마천은 이 기록을 통해 큰돈을 모은 인물을 소개하며 경제에 관한 그의 철학을 함께 다뤘다. 돈을 버는 방법도 소개되어 있다. 그래서 중국에서는 「화식열전」을 장사의 경전, 즉 상경(商經)이라고 부르기도 한다.

사실 사마천은 그 자신이 돈 때문에 불행을 겪은 사람이다. 그는 한나라 사람이었는데, 기원전 99년 한나라 장수 이릉(李陵)이 흉노에 항복한 사건이 일어났다. 그는 이릉을 변호하려다가 한무제의 눈 밖에 나서 사형을 선고받는다. 그런데 다행히도 한나라에는 사형을 면할 수 있는 방법이 있었다. 벌금으로 50만 전의 돈을 내거나 궁형(宮刑)을 받는 것이었다. 돈이 없었던 사마천은 살아남기 위해 궁형을 택할 수밖에 없었다. 이 일로 그는 성불구자가 되었다. 그래서 현재 남아 있는 그의 초상화에서는 남성의 상징인 수염을 찾아볼 수 없다. 이 일을 겪은 후 사마천은 누구보다도 돈에 대해 많은 생각을 했을 것이다.

「화식열전」은 부자가 되는 세 가지 방법을 알려준다. 가장 좋은 첫 번째 방법은 '학문으로 과거에 합격하여 권력과 지위를 얻는 길'이다. 두 번째 방법은 '권력을 통하지 못하면 학문이나 종교를 통해 또 다른 지위를 얻는 길'이다. 세 번째 방법이 바로 '장사하는 길'이다. 보통 사람은 과거에 합격하기 어려우니, 돈을 벌려면 장사가 유일한 방법이자 최고의 방법이다.

　사마천은 "돈이란 풍요롭고 아름다운 생활을 누리는 가장 중요한 조건이기에(倉廩實而知禮節 衣食足而知栄辱), 부자가 되려는 것은 인간의 본능적 요구다(夫千乘之王 萬家之侯 百室之君 尚猶患貧 而況匹夫編戶之民乎)."라고 했다. 그러면서 가난한 사람이 돈을 벌고자 할 때는 농업이 공업만 못하고, 공업이 상업만 못하다고 한다. 그리고 상업과 관련된 일을 상품 교환, 상품 생산, 서비스업, 임대업, 네 가지로 구분하는데 상품 교환에 관한 부분이 일반적으로 생각하는 장사에 관한 내용이다. 「화식열전」은 밑천에 따라 장사하는 방법까지도 소개하고 있다.

　중국에서는 장사를 생의(生意)라고 쓰는데, 글자 그대로 풀이하면 '살아가는 의미'이다. 다르게 표현하면 '삶이 곧 장사'다. 이렇게 보면 중국인은 역사적으로 아주 오래 전부터 시장경제에 익숙한 경험을 가지고 있다고 볼 수 있다. 그러니 국가가 시장이라는 판만 잘 깔아주면 언제든 장사에 뛰어들 채비가 되어 있는 사람들이다.

살아가는 의미

사마천은 이익을 좇았지만 돈을 얻지 못한 사람에 대해서도 말한다. "예의(禮義)는 돈에서 나오고, 돈이 없으면 예의 있는 사람이 될 수 없으므로 예의 있는 사람이 되려면 반드시 돈이 있어야 한다(禮生於有而廃於無 故君子富 好行其徳 小人富 以適其力)." 그리고 나서 단정적으로 지혜로운 사람은 부유해질 수 있고 지혜롭지 못한 사람은 빈곤해진다고 말한다.

"속세를 떠나 산속 바위 동굴에 숨어 사는 은자는 가난하게 살면서도 인의를 이야기할 수 있지만, 세상 사람들과 어울려 살면서도 가난하게 사는 사람이 인의를 떠벌리는 것이야말로 진짜 부끄러운 일이다(無巖処奇士之行 而長貧賤 好語仁義 亦足羞也)", "만약 집이 가난하고 어버이는 늙고 처자식은 연약하며, 때맞추어 제사도 못 드리고 집안이 모여 식사조차 못하고, 먹고 입는 것이 부족해 자급자족을 못하면서 부끄러워할 줄 모르면 더 이상 말할 것이 없다(若至家貧親老 妻子軟弱 歲時無以祭祀進醵 飲食被服不足以自通 如此不慚恥 則無所比矣)"라고도 한다.

다시 말해서 지혜가 있는 사람이라면 세상 속에 살면서 돈을 벌 수 있는데, 세상 속에 살면서도 가난한 사람은 지혜가 없기에 돈을 못 번 것이니, 함부로 세상에 인의(도덕)가 있다느니 없다느니 하는 말을 하지 말라는 것이다. 더 간단하게 말하면 지혜롭지 못하면 돈을 벌 수 없고, 돈이 없으면 예의 있는 사람이 되지 못한다는 뜻이다. 중국에서는 고고하게 살아가는 가난한 선비를 존경의 대상이 아니라 지혜롭지 못한 사람으로 생각한다. 중국 사회에서 사람 구실을 하자면 우선 돈이 있어야 한다. 그래서 돈을 벌기 위해 누구나 장사를 하려고 한다.

그리고 장사의 개념도 우리보다 넓다. 자신이 직접 가게를 차려 물건을 팔아 돈을 버는 상품 교환은 당연히 장사다. 또 자신의 능력을 사회 조직(국영기업이든 민영기업이든)에 파는 회사원도 서비스업 장사를 한다고 할 수 있다. 왜냐면 서비스업 장사를 하는 회사원은 소속 조직에서 받는 봉급 외에, 소속 조직의 권한을 이용해

사적 이익을 챙기는 장사로 더 많은 돈을 벌 수 있기 때문이다.

중국인은 아무리 적은 돈이라도, 돈을 벌 수만 있다면 기꺼이 장사를 한다. 대학생이라고 해도 예외는 아니다. 우리와 달리 중국은 9월부터 새 학기를 시작한다. 중국의 대학생은 특별한 경우가 아닌 이상 대부분 학교 기숙사에서 생활한다. 그래서 중국 대학교에서는 졸업 시즌인 6월이 되면 졸업을 앞둔 학생들이 그동안 기숙사에서 사용했던 생활용품을 내다 판다. 캠퍼스 안에 커다란 난전(亂廛)이 벌어지는 것이다.

생활용품과 책을 파는 것이기 때문에 가격을 아주 저렴하게 매긴다. 졸업생 한 명이 가지고 있는 모든 물건을 판다고 해도 한국 돈으로 1만 원도 채 되지 않는다. 하지만 큰돈을 벌기 위해서 하는 것이 아니라는 게 중요하다. 중국인은 아무리 작은 물건이라도, 설령 이윤이 박하더라도 팔 수 있는 물건이 있다면 장사를 한다.

해외에 나간 중국 유학생도 똑같다. 유학 오기 전 알고 지내던 중국 친구들에게 해외의 상품을 국제우편으로 파는 것을 흔히 볼 수 있다. 비록 한 달에 몇 개밖에 팔지 못하겠지만, 상관없다. 이렇게 일상과 장사가 밀접하니 흥정이 흔한 것은 당연한 일이다. 그런데 우리나라 사람은 중국은 바가지 요금이 흔하고, 일단 무조건 물건값을 깎아야 한다고 생각한다. 맞는 말이기도 하지만 오해도 있다.

2019년, 실크로드를 여행하면서 신장 우루무치에서 투루판 일일 여행 패키지를 이용한 적이 있다. 우루무치에서 투루판까지 가는 도로 양옆으로 드넓은 사막에 풍력발전기가 있다. 아마도 수천 기, 아니 수만 기 이상일지도 모를 만큼 엄청난 풍력발전기가 줄지어 서 있다. 마침 풍력발전기가 잘 보이는 장소에 버스가 도착했는데 여행 가이드가 재미있는 이야기를 해주었다.

풍력발전에서 중요한 것은 당연히 바람이다. 그런데 바람이 너무 약해도 곤란하지만, 바람이 너무 강해도 곤란하다. 날개 때문이다. 바람이 너무 강하면 날개가 과도하게 빨리 돌면서 부러지고 파손되기 때문이다. 그래서 바람이 강할 때 날개를 멈추게 하는 것이 중요한데, 이게 고급 기술이다. 처음에는 중국의 기술로 해결할 수가 없어서 서구에서 풍력발전기 한 대에 800만 위안을 주고 수입했지만, 지금은 중국 기술로 생산해 한 대에 50만 위안이라고 한다. 그러면서 하는 말이 서구에서 원가의 16배를 남기고 중국에 풍력발전기를 팔았다는 것이다. 가이드가 말한 16배는 조금 과장한 수치인지도 모른다. 하지만 터무니없이 부풀려서 말하지는 않았을 것 같다.

유럽에서 과학 기술을 이용해 10배 이상의 이윤을 남기고 장사하는 것이나, 중국에서 장사하는 보통 사람들이 이익은 많으면 많을수록 좋다는 생각에서 높은 가격으로 물건을 파는 것이나 같은 맥락으로 보아야 한다. 말하자면, 우리 눈에는 중국인들이 덮어놓고 폭리를 취하려는 것처럼 보일 수도 있지만, 중국인들 입장에서는 장사꾼이 가능한 한 더 많은 이익을 취하려고 하는 것은 악의적인 일이 아니라는 뜻이다.

중국에는 "교활하지 않은 장사꾼은 없다(無商不奸)"는 속담이 있다. 문자 그대로 해석하면 장사꾼은 모두 교활하다는 뜻이지만, 반대로 교활하지 않은 장사꾼은 망한다는 이야기도 된다. 장사란 원래 교활하게 머리를 써서 많게는 원가의 몇십 배, 적게는 몇 배의 가격으로 물건을 팔아 이윤을 남기는 것이다.

그래서 중국에서 물건을 사고 팔 때는 반드시 가격을 흥정해야 한다. 정가제가 익숙한 사람들에게는 바가지를 씌우려는 것으로 보일 수 있지만, 아무리 하찮은 물건이라도 반드시 흥정을 하는 중국사람들에게는 당연한 일이다.

주식회사 소림사

1982년 영화 「소림사」의 흥행으로 중국의 소림사는 전 세계적으로 유명한 관광지가 됐다. 1999년에 소림사 방장(규모가 큰 사찰의 주지)에 임명된 스융신(釋永信) 스님은 상업적 경영 마인드를 가지고 아예 '소림사'라는 브랜드를 이용한 상품을 만들어 판매하기 시작했다. 그래서 중국에서는 스융신 스님을 소림사 주지라기보다는 소림사 CEO라고 부른다.

스융신 스님은 가장 먼저 소림 무술학교를 만들어서 교육 사업을 시작했다. 또 소림 음료를 개발해 전국에 판매했다. 소림사를 방문하는 관광객의 편의를 위해 소림사 안에 호화 휴게시설과 숙소를 짓고 관광객을 안내하는 전담 직원도 배치했다. 유명한 불교 사찰에서 이 정도 장사는 이해할 수 있겠다.

그런데 2008년에 큰 논란이 일어났다. 일명 소림사 홍보대사 선발 대회를 열었는데, 그 대회라는 것이 소림사 관광 방문객에게 볼거리를 제공한다는 명목으로 소림사 정문에서 비키니를 입고 사찰을 활보하는 미녀 홍보대사를 뽑는 일종의 미인대회였던 것이다. 그 후 소림사는 관광 방문객을 위한다면서 소림사 안에 있는 계곡에서 비키니를 입은 홍보대사가 물에 들어가 스님과 무술을 단련하는 모습을 연출하기도 했다. 이런 스융신 스님의 행보 때문에 소림사 매출액은 날로 늘어나고 수익금도 많아졌다.

그러자 이번에는 소림사가 위치한 지역의 시청(정부 기관)이 나선다. 시청은 소림사가 돈을 많이 벌고 있지만 해당 시에는 경제적인 이득이 없다고 판단하고, 소림사가 해당 시의 내부에 있기 때문에 '소림사'라는 상표 브랜드는 시청의 소유라는 주장을 펼쳤다. 그러면서 홍콩 기업과 합자해 소림사 주식회사를 설립하고 상장해서 주주 자격으로 수익금을 챙기겠다는 계획을 발표한다. 이에 대해 소림사 스융신 스님은 "소림사 주식회사가 망하면 사찰이 파산하게 되는 것인데, 어떻게 절이 파산할 수 있느냐." 하며 반대했다. 스융신 스님과 시청과의 논쟁은 뾰족한 해결책 없이 현재까지 이어지고 있는 것으로 안다.

한번 상상해 보자. 경주 불국사에서 다이어트 교실을 열어 나물밥의 효능을 홍보하고 피트니스 센터를 운영한다면? 게다가 한 달 안에 10Kg 감량에 성공하지 못하면 환불해 준다는 광고판이 붙는다면 우리는 어떻게 반응할까?

중국인들은 돈을 벌 수 있다면, 마오쩌둥도 얼마든지 활용한다. 2008년 마오쩌둥의 고향 후난에서 관광객을 유치하기 위해 '짝퉁 마오쩌둥' 선발대회를 개최했다. 130여 명이 참가해 얼굴 표정, 목소리, 걸음걸이, 옷차림을 모방하여 각각의 방법으로 마오쩌둥을 흉내 냈다. 2009년 10월 1일 중국 건국 60주년 국경절에는 중국

저장성에 있는 한 KTV(노래방)에서 정문 양쪽에 마오쩌둥을 사용한 광고판을 내걸었다. 군복 차림의 마오쩌둥이 머리에는 군모를 쓰고 손에는 마이크를 잡은 채 혁명가를 부르는 모습이다. 종업원은 이렇게 말했다. "이 포스터는 중국 건국을 기념하는 국경절에 제작해서 붙였다. 우리는 이런 방법으로 조국의 국경절을 축하하는 퍼포먼스를 진행하는 중이다."

한국 노래방에서 전직 대통령이 노래를 부르는 모습을 광고 전단에 사용한다면 반응이 어떨까?

직장인이면서 사업가

간단한 전자 제품을 만드는 중국 회사에 부품을 수출하는 프로젝트를 진행한 한 한국인 주재원이 겪은 일이다. 그는 한국 회사에서 만든 부품이 그 회사가 납품을 받고 있는 기존 부품보다 품질도 좋고 가격경쟁력도 있어서 계약이 성사될 거라고 자신했다. 자재 담당 직원을 만나 자신있게 부품을 소개했지만, 담당자는 전혀 관심을 보이지 않았고 결국 거래는 성사되지 못했다.

그 주재원은 중국 담당자가 왜 관심을 보이지 않았는지 너무 궁금했다. 자사 부품을 사용하면 중국 회사 입장에서는 경비 절감은 물론이고, 품질을 향상할 수 있는데도 말이다. 그래서 이리저리 조사를 해보았고, 얼마 지나지 않아 중국 담당자가 왜 그렇게 결정했는지 짐작할 수 있었다.

중국 담당자가 친척 명의로 부품 생산 공장을 운영하고 있었던 것이다. 그러니까 그 담당자는 회사에서 자재 담당 업무를 하면서

월급을 받고, 또 친척 명의로 운영하는 공장에서 생산한 부품을 자신이 일하는 회사에 납품해 이익을 챙기고 있었다는 말이다.

한국 주재원은 중국 직장인은 저렇게도 돈을 버는구나 싶어서 쓴웃음을 지었다. 하지만 이내 또 궁금해졌다. 조금만 신경 쓰면 금방 진상을 확인할 수 있을 텐데 회사는 왜 이런 상황을 모르고 있는 걸까? 그는 곧 자기가 잘못 알고 있었다는 사실을 알게 되었다.

중국 담당자는 친척 명의로 운영하는 자기 공장에서 생산한 부품을 자기가 일하는 회사에 납품하는 것이 아니라, 동일한 전자 제품을 생산하는 다른 회사에 납품하고 있었다. 그리고 그 다른 회사의 자재 담당 직원 역시 친척 명의로 부품 생산 공장을 운영하고 있었고, 바로 이 회사 부품이 그 주재원이 거래를 성사시키려 만났던 회사에 납품되고 있었던 것이다. 두 회사의 자재 담당 직원들이 각자 부품 공장을 차려 놓고 상대 회사에 납품하는 일이 가능한 게 중국이다.

『증광현문』에 나오는 글귀다. "사람은 누구나 자식이 지혜롭기를 바라고, 누구나 돈을 좋아한다. 하지만 이런 내용은 유학 책 오행(五行)에 나오지 않는다(誰人不愛子孫賢 誰人不愛千鐘粟 奈五行不是這般題目)." 오행은 인의예지신(仁義禮智信)을 말한다. 그러니까 사람은 본능적으로 자식을 사랑하고 세상살이에 필요한 돈을 좋아하지만, 유학 책에는 타인을 사랑해야 하고 자신의 처지에 만족해야 한다고 쓰여 있으니, 책에 나오는 내용과 현실이 다르다는 것을 알아야 한다는 뜻이다.

4장 성공의 계단과 잠재규칙

나라의 지도자가 청렴결백하면 관리가 가난해지고(官淸司吏瘦)
사찰의 주지가 영험하면 향을 파는 장사꾼이 돈을 번다(神靈廟主肥)
길에서 관리를 만나면 앞에서 얼쩡거리지 말고(見官莫向前)
가게 주인을 만나면 주인 뒤에 있으면 안 된다(做客莫在後)

위 글귀를 풀어서 쓰면 이렇다. 황제가 청렴결백하면 그 밑에서 일
하는 관리들에게 떨어지는 이익이 없고, 주지스님이 영험하면 그
덕분에 향을 파는 장사꾼이 득을 본다. 관리(공무원) 앞에서 괜히
얼씬거리다 트집을 잡히면 돈을 뜯길 수 있으니 앞에 있으면 안 되
고, 가게에 갔을 때는 가게 주인이 나를 볼 수 있어야 하나라도 더
챙겨준다.

　중국인이 머릿속에 그리는 관리의 모습은 한 마디로 한 푼이라
도 더 벌기 위해서 애쓰고 사람들을 트집 잡는 존재다. 그런데 앞
서 말한 사마천의 「화식열전」에서는 부자가 되는 세 가지 방법을
말하면서, 그중 가장 좋은 방법이 학문으로 과거에 합격해 권력과
지위를 얻는 길이라고 했다.

성공의 계단

명나라 정성공은 명-청 교체기에, 명나라를 지키기 위해 끝까지 싸운 장군이다. 정성공은 대륙에서 명나라가 멸망하자, 타이완으로 근거지를 옮기고 최후까지 명의 부흥을 위해 힘썼다. 역사가들은 정성공 장군이야말로 마지막까지 명나라를 위해 싸운 충신으로 평가한다. 그래서 지금도 중국에서 정성공 장군은 마지막까지 나라에 충성한 유명한 역사적 인물로 남아 있다. 이름 정성공(鄭成功) 글자처럼 성공(成功)한 삶을 산 인물로 높이 숭상받는 인물이기도 하다.

타이완을 마주한 중국 샤먼시 해안 언덕에 가면 정성공 장군이 동쪽 타이완을 바라보고 서 있는 동상이 있다. 동상이 있는 언덕 정상에 가자면 15분 정도 언덕길을 올라야 한다. 언덕 정상에 "민족 영웅 정성공 장군"이라는 표지판이 있고 바로 그 옆에 정성공 장군의 이름처럼 성공한 인물이 될 수 있는 방법을 알려주는 일명 "성공에 이르는 계단" 조형물이 있다.

이것은 인생에서 어떤 일을 이루면 성공했다고 할 수 있는지를 알려주는 조형물로, 성공 내용에 따라 단계별로 계단 모양을 만들어 성공에 이르는 순서를 정해 놓았다. 이 계단을 보면 중국인이 생각하는 성공한 인생이란 무엇인지, 그리고 어떤 성공을 가장 중요하게 생각하는지 알 수 있다. 정성공 동상의 성공 계단 순서는 다음과 같다.

맨 아래 계단은 애정이다. 부부가 서로 애정을 가지고 한평생을 순탄하게 살아가는 것이 성공에서 가장 아래 단계이다. 바로 위는 돈이다. 돈을 많이 벌어 부자가 되는 것이다. 사랑보다는 돈이 더 좋다. 그다음은 권력이다. 관리가 되면 자연스럽게 돈이 들어와서 부자가 될 수 있고 거기에 더해 권력까지 있으니 단순히 돈만 많은 부자보다 낫다는 의미다.

이 모든 것보다 더 큰 성공은 건강이다. 건강이 나빠서 일찍 죽으면 모든 것이 허사로 돌아가니 당연히 건강이 최고다. 그리고 마지막으로 이 모든 것을 다 가지는 것이 인생에서 가장 성공하는 것이라고 마무리한다.

한국에서는 안정된 직장을 얻으려고 공무원이 되려는 젊은이가 많지만, 중국에서 공무원은 안정된 직장에 더해 덤으로 돈까지 벌 수 있는 직업이다. 안정적 직업이라는 것은 한국이나 중국이나 마찬가지인데, 중국에서는 왜 공무원이 돈을 많이 벌 수 있는 직업이라고 하는 걸까?

다음은 송나라 조항(趙恒)이 청소년들에게 열심히 공부하라고 격려하면서 쓴 시(勸學詩)다.

집안이 부유해지려고 땅을 사지 않아도 된다(富家不用買良田)

책이 알아서 먹을 것을 준다(書中自有千鍾粟)

높다랗게 지은 집을 사지 않아도 된다(安居不用架高堂)

책이 알아서 금은으로 장식한 집을 준다(書中自有黃金屋)

나를 모시는 사람이 없다고 절망하지 않아도 된다(出門莫恨無人隨)

책이 알아서 고급 마차 여러 대를 준다(書中車馬多如簇)

장가를 가야 하는데 중매인이 소개를 안 해준다고 화내지 않아도 된다

(娶妻莫恨無良媒)

책이 알아서 아름다운 여성을 보내준다(書中自有顏如玉)

남자가 인생에서 원하는 것을 얻으려면(男兒若遂平生志)

열심히 공부만 하면 된다(六經勤向窓前讀)

즉 이 권학시에서 말하자고 하는 것은 열심히 공부해서 과거에 합격하여 공무원이 되면 많은 것을 얻을 수 있다는 것이다.

중국 사전을 찾아보면 공무원은 '국가의 행정 권력을 행사하고 국가 공무를 실행하는 사람'이라고 나온다. 당연히 상위 직급일수록 혹은 조직의 기반을 장악한 실세일수록 행사할 수 있는 권력도 크다. 하지만 직급이 낮은 공무원이라도 자신의 권력을 유용하게 활용하면 직급이 높은 공무원에게도 뇌물을 받아 챙길 수 있다. 결국은 이 또한 공무원의 장사라고 해야 할까?

과거 중국에서 국가 행정 관리였던 신하들은 공식적으로 황제를 만날 때 황제에게 '삼배구고두례(三拜九叩頭禮)'를 해야 했다. '고두(叩頭)'란 소리가 나도록 머리를 바닥에 찧으며 절을 하는 것을 뜻한다. 황제에게 자신이 충성한다는 것을 보여주기 위해서는 머리로 바닥을 찧을 때 큰 소리가 나야 한다. '삼배(三拜)'는 이렇게 세 번 절하라는 뜻이다.

신하가 절을 했는데 큰 소리가 나지 않으면 불경죄로 황제에게 밉보일 수 있다. 출세에 지장도 생긴다. 그래서 황제를 만나는 신하는 아무리 아프더라도 머리를 세게 찧지 않을 수 없었다. 멍이 드는 정도가 아니라 피가 흐르기도 했다.

황제가 신하를 만나는 궁궐 회의실을 관리하는 담당자는 환관이었는데, 이들이 궁궐 바닥에 몰래 나무판자를 묻어두고, 그 자리에 머리를 찧으면 아프지 않으면서도 소리가 크게 난다고 관리들에게 은밀히 광고를 했다고 한다. 관리가 어디에 나무판자가 있는지 알려면 환관 공무원에 사례를 해야 하는 건 당연지사다.

환관 공무원은 황제에게 받는 급여 외에, 이런 방식으로 자신의 직장을 이용해 돈을 챙겼다. 매번 나무판자 위치를 바꾸었기 때문에 환관 공무원에게 나무판자 사업은 '블루오션'이었다. 영리한 환관 공무원은 궁궐 회의실을 관리하는 작은 권한으로 엄청난 부를 축적할 수 있었던 것이다.

만약 궁궐 회의실을 관리하는 어떤 환관 공무원이 자신은 양심상 이런 짓은 못 한다고 말한다면 동료 환관들이 그가 정직하다고 칭송했을까, 아니면 미련하다고 상대도 하지 않았을까?

잠재규칙

청나라 때의 일이다. 어떤 마을에서 고위 공무원이 가마를 타고 가는데, 한 노인이 길을 막아섰다. 그 당시 백성이 고위 공무원의 길을 막으면 법에 따라 곤장 80대를 맞아 죽을 수도 있었다. 무엇이 노인에게 죽음을 무릅쓰고 그 길을 막게 했을까?

당시에는 역참(교통 중간 기착지)에서 말을 관리했다. 그래서 역참이 있는 마을에서는 말이 먹을 사료 풀을 세금으로 제공해야 했다. 노인은 두 가지 불만을 말했다.

첫째는 노인이 본인에게 할당된 양을 준비해서 저울에 올렸는데 아무리 많이 가져가도 저울 눈금이 움직이지 않는다는 것이었다. 둘째는 사료 풀을 받는 관리에게 돈을 주지 않으면 사료 풀을 받아주지 않는다는 것이었다. 현대로 치면 일반 시민이 세무서에 세금을 납부하러 갔는데, 세무 공무원이 추가로 수고비를 요구하고, 수고비를 주지 않으면 세금을 받아주지 않는 상황이다. 우리가 보면 기가 막힐 일이지만, 사료 풀을 받는 관리 입장에서는 자신의 자리를 활용해 장사를 한 것이다.

약 15년 전, 산시성에 있는 한 벽돌 공장에서 있었던 일이다. 벽돌 공장 사장이 공무원을 공개적으로 비난했다. 공무원이 벽돌 검사 증명서를 발급해 주지 않았기 때문이다. 생산한 벽돌의 품질이나 규격이 제품 합격 기준에 맞지 않아서였을까? 이 일은 그런 문제가 아니었다. 이 사건이 언론의 주목을 받은 이유가 있었다. 공장 사장이 항의한 이유는 이랬다.

"나는 규정에 맞게 벽돌을 생산해 이미 관련 서류를 신청했고 또 규칙에 따라 공무원에게 돈을 주었는데 돈을 받고도 왜 증명서를 발급하지 않느냐."라고 한 것이다. 사장은 공무원에게 뇌물을 주는 것을 "규칙"이라고 표현했다. 규칙이란 어떤 사회나 조직 구성원들이 다 같이 지키기로 약속한 법칙이나 질서다. 그러니까 사장이 공무원에게 뇌물을 주는 것을 규칙이라고 말한 것은 뇌물이 이미 일상화되었다는 사실을 알려준다. 이런 사회라면 공무원이 돈을 못 벌 이유가 없다. 돈을 못 버는 공무원이 있다면 그는 무능하거나 수완이 없는 사람일 뿐이다.

중국에서는 이런 규칙을 잠재규칙(潛規則. 중국어 발음은 치앤꾸

이저)이라고 한다. 2000년대 초반 중국에서 우쓰(吳思)라는 기자가 『잠재규칙』이라는 책을 발표했다. 우쓰는 이 책에서 잠재규칙을 "불법이라 떳떳이 드러내놓고 요구하지는 않지만, 서로가 잘 이해하고 당연시하는 행위 준칙"이라고 정의한다. 중국에서는 잠재규칙을 숨겨진 규칙 또는 회색 규칙이라고도 한다. 이 책에 나오는 관리(공무원)와 관련된 잠재규칙 몇 가지를 소개한다.

구정, 단오, 추석 명절에는 삼절(三節)이라고 적은 봉투를 건넨다. 명절 떡값이다. 그리고 관리와 관리의 부인 생일에는 양수(兩壽)라고 적은 봉투를 건넨다. 관리가 출장 오면 주는 봉투가 있는데 이를 정의(程儀)라 한다. 관리에게 일 처리를 부탁할 때는 사비(使費)라 칭하는 봉투를 준비해야 하고, 관리가 인허가를 내줄 때는 부비(部費)라 일컫는 봉투가 필요하다.

용도별로 뇌물을 잘 분류해 놓았다. 이게 다가 아니다. 필요한 일을 해결할 때, 건네야 할 뇌물 액수까지 친절하게 적어 놓은 『누규(陋規)』라는 책도 있다. 쉽게 표현하면 '용도별 뇌물 금액 명세표'다. 요즘 말로 하면 '뇌물 규칙'이 되겠다. 『누규』는 관리의 지위에 따라, 또 때(연말연시, 명절)에 따라, 사업의 규모에 따라, 부탁하는 일에 따라, 죄의 종류에 따라 얼마의 뇌물이 필요한지 세부적으로 일목요연하게 정리한 뇌물 금액 지침서다. 그러니까 뇌물을 써서 일을 해결하려는 사람은 이 책만 보면 어떤 직위를 가진 사람에게 얼마를 주면 되는지 쉽게 알 수 있다.

관리들이 이렇게 공공연하게 뇌물을 챙기는데, 황제는 몰랐을까? 통치 시스템이 발달한 중국에서, 황제는 이런 사실을 누구보다 잘 알고 있었다. 하지만 황제가 통치하는 국가 체제에서 행정을 담당하는 조직이 관리였다. 황제와 관리는 상호 의존적이었기에 황제는 관리를 효과적으로 다루기 위해서 묵인할 수밖에 없었다. 어떨 때는 의도적으로 신하들이 뇌물을 챙기도록 부추기까지 했다. 황제 입장에서는 세상 천하의 모든 것이 자신의 것인데, 관리가 뇌물을 받는 것은 백성의 주머니에 있던 재물이 관리의 주머니로 자리를 옮기는 것일 뿐이라고 생각할 수도 있다.

당나라 무측천의 경우를 보면 금방 이해할 수 있다. 무측천이 중용하는 관리들은 대부분 도덕적으로 문제가 있는 사람(소인)들이었다. 하지만 무측천은 부패한 관리들을 요긴하게 이용했다. 무측천 입장에서는 이들이야말로 자신의 정치적 기반을 다지는 좋은 도구였던 것이다. 권력 투쟁 시기에는 이들을 이용해 각종 유언비어를 날조하게 만들고, 권력 안정 시기에는 서로 분쟁을 일으켜서 관리들이 세력을 만들 여유를 주지 않았다. 게다가 부패한 관리는 다루기도 쉬웠다. 이들은 도덕 개념이 없으므로 매수하기도 쉬웠고, 소신이나 의견이 없기 때문에 마음대로 휘두르기도 편했다. 능력이 없는 존재들이기에 쓸모없어졌을 때 버려도 아쉬울 게 없었다. 무측천은 자신이 통치하는 동안 부패한 관리들이 뇌물을 챙기도록 용인하면서 효율적으로 그들을 부려먹었던 것이다. 그리고 쓸모가 없어지면 뇌물수수죄로 관리를 숙청하면서, 그들이 뇌물로 축적한 재산을 황실 국고에 귀속시켰다.

관리가 뇌물을 받는 것이 아무리 일상화되고, 황제가 뇌물을 용인한다고 해도, 뇌물을 받지 않고 청렴하게 살아가는 관리도 있었다. 그러한 인물 중 가장 청렴하게 살았던 사람이 바로 해서(海瑞)다. 해서는 명나라 시대 관리로, 지방관으로 근무하면서 모든 선물과 뇌물을 거부했다. 당연히 백성들은 이런 관리를 진심으로 좋아했다. 반면 다른 관리들은 해서를 싫어했다. 해서와 함께 일할 생각만 해도 머리가 지끈거릴 정도였다.

한번은 해서가 중국 응천이라는 지역에 임명되었는데 그 소식을 들은 응천 지역 관리들은 해서가 부임하면 자신들도 백성들에게 뇌물을 받을 수 없기 때문에 고민이 빠졌다. 그래서 전근을 자청하는가 하면, 심지어 사직하겠다는 관리까지 있었다. 사실 관리들은 뇌물이 없으면 경제적으로 최소한의 생계도 꾸릴 수 없는 형편이었기 때문이다. 나라에서 주는 녹봉(봉급)만으로는 가족들 입에 풀칠하기도 어려웠다. 그러니까 뇌물을 받지 않으면 길바닥에 나앉느냐 마느냐를 걱정해야 할 판이었다. 이런 상황에서 모든 관리에게 해서처럼 청렴하게 살라는 것은 그들에게 죽으라는 것과 같은 말이었다.

중국 역대 황조 국가는 관리가 가족과 먹고살 만큼의 봉급을 주지 않았고, 그 대신 관리가 알아서 적당한 방법으로 부수입을 챙기는 것을 용인해 주었다. 그래서 불법도 아니고 합법도 아닌, 모호한 잠재규칙이 생겨난 것이다.

예를 들면, 명나라는 백성들에게 조세를 거둘 때 '은'으로 받았다. 그리고 이 은을 받은 관리는 은을 녹여 은괴로 만든 다음 상부 기관에 보내야 한다. 그런데 백성에게 받은 조각을 모아 녹여서 은괴로 만드는 작업 과정에서 자연적으로 적은 양의 은이 손실된다. 이때 은이 손실되는 양을 '화모(火耗)'라고 한다. 글자 그대로 불로 제련하는 과정에서 자연적으로 소모되는 현상이다. 그래서 백성에게 은으로 세금을 받을 때, 일정 비율을 적용하여 손실될 은까지 감안한 양을 걷었다.

처음에는 아주 작은 비율로 시작된 추가 세금, 즉 화모가 점점 늘어나기 시작해 나중에는 원래 징수액의 몇 배까지 되었다. 배보다 배꼽이 더 커진 것이다. 원래 세금 액수만큼의 은은 상부기관에 보내고 나머지는 관리가 챙겼다. 그리고 최소한의 생계도 어려울 만큼 적은 봉급을 받는 관리는 이렇게 챙긴 은으로 가족의 생계를 유지했다. 상황이 이렇다 보니 관리가 이렇게 세금을 부풀려 부수입을 만드는 것을 감독기관도 못 본 척했고, 그것이 결국에는 준조세처럼 당연하게 되었다. 이런 상황이 중국 마지막 황제 국가 청나라가 망할 때까지 계속됐다.

역사학자 이중톈은 『국가를 말하다』라는 책에서 이렇게 관리들이 백성을 수탈한다고 해도 일반 백성들이 그 나머지만으로 배불리 먹고 등만 따뜻하다면 그것이 곧 태평한 시절이라고 했다. 하지만 인간의 욕망이란 끝이 없다. 관리들이 화모를 부를 축적하는 수단으로 삼아 끝없이 화모를 늘려 백성이 피폐해지는 지경에 이르는 것이 문제다.

화모와 양렴은

청나라 옹정제는 중국을 13년간 통치했다. 옹정제는 아버지 강희제가 오래 사는 바람에 45세가 되어서야 황제가 되었다. 다른 황제들이 어린 나이에 세상 물정을 모르는 상태에서 황제가 되었다면, 옹정제는 황제가 되기 전에 오랜 기간 청나라 관리들의 모습을 볼 수 있는 기회를 가졌다. 요즘 말로 하면 준비된 황제인 것이다.

옹정제는 관리들이 화모를 이용해 부정부패를 저지른다는 사실을 잘 알고 있었다. 그는 어리석은 군주가 아니었다. 게다가 황자(세자) 생활을 오래 했기 때문에, 아버지 강희제보다 백성들의 삶에 대해 더 자세히 알고 있었다. 관료들이 무슨 속셈으로 무슨 짓들을 하고 다니는지, 그것이 어떤 폐단을 만드는지 속속들이 꿰뚫었다.

옹정제가 아버지 강희제로부터 황위를 받은 1722년 청나라 국고는 은 8백만 냥이 전부였다. 나라의 창고가 텅텅 빈 것이다. 이것도 장부상의 숫자일 뿐 실제로 조사하면 이 숫자에 터무니없이 못 미칠 것이 분명했다. 옹정제는 아버지 강희제가 죽고 황제가 된 지 한 달 만에 제도 개혁으로 국고를 채우기 시작해 불과 5년 만에 5천만 냥으로 늘렸다.

옹정제는 관리들이 화모를 이용해 백성들을 수탈할 수밖에 없는 이유를 알고 있었다. 그래서 새로이 양렴은 제도를 만들어 관리들이 가족과 먹고 살 수 있을 만큼 경제적 여유를 갖게 해주었다. 요즘 말로 하면 봉급을 인상해 준 것이다.

'양(養)'은 기른다는 뜻이고, '렴(廉)'은 청렴하다는 뜻이다. 그러니까 양렴은은 청렴한 관리를 기르는 직무 수당인 것이다. 양렴은은 직위와 직급에 따라 차등 지급했는데, 많으면 봉급의 몇백 배에 달하는 금액에 이르기도 했다.

그러고 나서 바로 제도 개혁의 첫 조치로 중앙정부와 지방의 국고를 정확하게 조사하라고 지시하였다. 그래서 국고에 보관하고 있는 은의 재고와 세수 현황 조사를 실시한다. 먼저 중앙정부와 지방의 국고 은 세수 조사단의 일원으로 국고 담당 업무 후임자를 임명했다. 후임자는 세수 조사단의 일원이므로 전임자의 과오를 책임지거나 전임자를 비호할 이유가 없었다. 그 결과, 전임자의 전임자는 물론 그 전임자까지도 세수 적자에 대한 책임을 면할 수가 없었다. 결국 그동안의 세수 전용과 세수 착복이 모두 드러났다. 옹정제는 전임자들에게 착복, 전용한 세수를 변상하도록 했다. 변상하지 않으면 가산 몰수 조치를 취했다. 이 가산 몰수는 당사자뿐만 아니라 당사자의 자식과 친척까지 포함했다.

그러자 세수 착복 협의가 발각된 후 변상이 두려워 자살하는 관료들이 생겨났다. 죄인이 죽었으니 모든 걸 덮어두는 게 인지상정이었지만, 옹정제는 이마저도 용납하지 않았다. 자살한 관료의 자식들이 대를 이어 아버지의 착복 금액을 변상해야 했다. 그래서 관리들은 역사서에 옹정제를 독재 군주라고 기록했다.

이중톈은 『품인록』에서 "옹정제가 시행한 이 제도 개혁으로 부패 정치인은 자취를 감추고 정치 풍토가 깨끗해졌다는 것은 역사적 사실이다. 이보다 더 중요한 사실은 사회의 기풍 자체가 달라졌다는 점이다. 옹정제 연간에는 청렴하지 않은 관리가 없었다는 말은 약간 과장됐더라도 옹정제의 치적에 대한 공정한 평가다."라고 말한다.

이 시대에는 누구나 법을 지키고 청렴하게 사는 것이 일반적인 풍습이 되었다. 옹정제 이전에는 탐욕스럽게 살았던 관리라도 옹정제 시대에는 그렇게 살 수가 없었다. 하지만 옹정제는 재위 13년 만에 갑자기 죽고 만다. 관리들은 옹정제의 죽음에 솔직한 심정으로는 안도의 한숨을 돌리지 않았을까? 야사에서는 옹정제가 검객에게 암살되었다는 이야기가 전해온다. 이것은 관료 사이의 희망이 형상화된 것이라 보아도 될 것이다. 옹정제는 관리들로부터는 빨리 죽었으면 좋겠다는 저주를 받은 황제였으니 말이다.

그 뒤 건륭제가 즉위하자 청나라 정책은 과거로 돌아갔다. 옹정제는 자신의 재위 기간에는 개인 능력으로 화모로 인한 관리들의 부정부패를 일소했다. 하지만 수천 년간 중국에서 지속된 관리들의 부정부패는 옹정제가 죽자마자 다시 원래대로 돌아갔다.

2012년, 중화인민공화국 시진핑 정부는 출범과 동시에 "호랑이든 파리든 다 때려잡겠다"는 부패 척결의 기치를 내세워 대대적인 숙정(肅正) 작업을 시작했다. 직위가 높든 낮든 모든 공무원을 대상으로 부정부패 척결 작업을 하겠다는 것이다.

우선 옹정제가 했던 것처럼 공무원 봉급을 인상했다. 공무원이 봉급으로 먹고 살 수 있는 경제적 기반을 마련해 준 것이다. 그리고 인터넷에 공무원의 출장비, 차량 구매 유지비, 접대비(판공비)를 공개해서 부패를 저지르지 못하도록 하는 제도를 마련했다. 또 재산을 해외로 빼돌리고 도망가는 공무원이 생기자 40여 개 나라에 체포조를 파견해서 본국으로 송환하고 있다.

2015년 시진핑 서기는 좀 더 강력한 부정부패 척결을 위해 제

18차 중앙기율검사위원회 연설에서 공무원의 간담이 서늘해질 만큼 매서운 연설을 하기도 했다. "주변에 널린 부패세력들에게 욕을 먹지 않는다면, 13억 인민에게 죄를 짓는 일이다. 부패세력들이 나를 죽일 놈이라고 욕한다면, 욕을 먹어 주겠다. 하지만 할 일은 반드시 한다(不得罪成百上千的腐敗分子 就要得罪13億人民. 該做的事要做 該得罪的人就得得罪)."

2017년 중국 공산당 제19차 전국대표대회 발표자료에 따르면, 2012년부터 2017년까지 5년 동안 중국 정부는 267만 건의 부정부패 의심 사례를 조사하여 153만 7천 명의 공산당원(공무원)을 처벌했다. 그중 5만 8천 명은 사법부에 기소되어 재판에 회부되었다. 사정당국의 강도 높은 비리 조사에 견디지 못하고 목숨을 끊는 당정군 고위직 간부가 100명이 넘었다. 한 달에 한 명 꼴로 고위직 간부(한국 장관급 이상)가 자살하는 것이다. 마치 옹정제 때와 같다. 시진핑 정부의 부정부패 척결은 과연 성공할 것인가? 그래서 공부를 해서 권력을 갖는 일은 더 이상 중국에서 돈을 버는 첫 번째 방법이 아니게 될 것인가? 지켜볼 일이다.

중국인의 소원

중국 쓰촨성 청두시 청양사 도교 사원에는 사람이 빌 수 있는 소원을 구체적으로 정리해서 벽에 써놓았다. 중국인이 생각하는 성공이 어떤 것인지 알 수 있다. 복수녹(福壽祿)인데, 중국인이 생각하는 '복'이란 무엇일까?

중국 사전에서 '복(福)'은 부유하고 귀하고 오래 살고 과거에 합격하는(富貴壽考) 것이라고 정의한다. 부유(富)하다는 것은 돈이 많다는 것이고, 귀(貴)하다는 것을 세력을 가지고 다른 사람을 지배한다는 것이고, 오래 사는(壽) 것은 당연하고, 합격한다(考)는 것은 공무원이 되어 돈을 번다는 것이다.

도교 사원 벽에 써있는 '복수녹' 세 글자는 복을 알기 쉽게 다시 한번 설명해 놓은 것이다. 복 중에서 가장 중요한 것이 수(壽)로 오래 사는 것이다. 사람이 죽으면 그것으로 모든 것이 끝난다는 현세적인 사고방식을 가진 중국인에게는 당연히 오래 사는 것이 가장 중요하다.

그런데 다음 글자가 녹(祿)이다. 녹은 다른 말로 녹봉(祿俸)이다. 녹봉이란 벼슬아치에게 일 년 또는 계절 단위로 나누어 주던 금품을 말한다. 현대어로 바꾸면 공무원 봉급이란 의미다. 그러니까 중국인은 복 중에서 오래 사는 것이 가장 먼저이고 그 다음이 과거에 합격하여 관리가 되는 것으로 생각한다는 것이다. 중국인은 드러내 놓고 돈을 좋아한다고 한다는데, 왜 도교 사원 벽에 금전에 관한 글자는 없는 것일까? 그 이유는 관리(공무원)가 되면 돈은 저절로 따라오기 때문이다.

1900년대 초반 이보가(李寶嘉)라는 작가가 『관장현형기(官場現形記)』라는 사회소설을 썼다. 청나라 말기 사회 현상을 묘사한 이 소설은 중국 청나라 4대 소설로 꼽힌다. 제목에서 '관장(官場)'이란 관가를 말하는데 현대어로 풀면 국가 기관이라는 의미다. '현형기(現形記)'는 현장의 모습을 기록한다는 뜻이다. 그러니까 이 작품은 국가기관에서 일하는 공무원들의 실제 모습을 묘사한 관료사회의 부패를 폭로하는 소설이다.

소설은 스승이 제자의 질문에 답하는 내용으로 이루어져 있다. 제자가 스승에게 "공부를 해서 좋은 점이 무엇입니까?" 하고 묻는다. 스승은 이에 "공부를 열심히 하면 관리(공무원)가 될 수 있다."라고 답한다. 그러자 제자는 관리가 되면 무엇이 좋은지 다시 묻는다. 그러자 스승은 이렇게 알려준다. "관리가 되면 돈을 벌 수 있게 된다. 의자에 앉아 다른 사람을 오라 가라 할 수 있고 또 말을 안 들으면 감옥에 가둘 수도 있다. 그러면 저절로 돈을 가지고 온다." 그러면서 "공부해서 과거에 급제하지 않는다면 무슨 수로 이런 부귀영화를 누릴 수 있겠느냐?"라고 한다. 과거 시험에 합격해 관리가 되려는 목적이 돈을 벌어 부귀영화를 누리는 것이라는 소리다.

앞에서 말했듯이 중국에서 성공이란 수량화가 가능한 가치를 가지는 일을 실현하는 것이고, 가치를 수량화해 표시한 것이 돈이다. 즉 중국에서 성공이란 돈을 많이 버는 것이다. 중국인은 오래전부터 어떻게 보면 너무 적나라하게, 또 지나치게 솔직하게, 사람이 돈을 좋아한다는 것과 돈을 버는 방법을 확실하게 기록으로 남겼다.

『증광현문』에 나오는 글귀다. "공부 잘하는 자식이 없으니, 공무원이 될 만한 놈이 없구나(家中無才子 官從何處來)." 자식 중에 나라에 충성하고 국민에게 봉사하는 공무원이 될 만한 인재가 없다는 것이 안타깝다는 것인지, 아니면 집안에 돈을 벌어다 줄 공무원이 될 만한 머리 똑똑한 자식이 없어 한탄스럽다는 것인지 미루어 짐작할 수 있다.

사람이 신뢰가 없다면 세상을 어떻게 살아가랴(人而無信 不知其可也)
세상에 신뢰할 수 있는 사람은 없다(莫信直中直)
언제든지 나를 속일 수 있으니 항상 그 때를 대비하라(須防仁不仁)

『증광현문』에 나오는 구절인데, 내용이 서로 모순된다. 위의 구절은
신뢰의 중요성을 강조하지만, 아래 구절은 신뢰의 중요성을 부정하
는 것 같다. 하지만 중국인의 입장에서는 별로 문제가 되지 않는다.
앞에서 말했듯, 중국인은 신뢰를 적용할 수 있는 꽌시 관계와 신뢰
를 적용하지 않는 기타 관계를 구분하기 때문이다. 그러니 우리에
게는 모순처럼 보이지만 그들에게는 모순이 아니다.

중국인의 내세관

중국인은 사람이 현세에서 착한 일을 하면 내세(하늘, 신)에서 상을
받고, 나쁜 일을 하면 사후에 벌을 받는다고 생각하지 않는다. 내
세가 존재한다고 생각하지 않기 때문에 착한 일을 하면 천국에 가
고 나쁜 일을 하면 지옥에 간다는 생각 자체가 없다.

인생은 삶이 전부고, 죽으면 끝이다. 그러니 살아 있을 때 성공해

서 잘 먹고 잘 살아야 한다. 어떻게든 살아 있을 때 성공해야 하고 성공하기 위해서는 수단과 방법을 가리지 않고 악착같이 노력해야 한다. 설령 그것이 도덕적으로 비난받을 일이라 해도 나에게 성공을 가져다준다면 마음에 꺼릴 것이 없다.

한국인 입장에서 보면 혀를 내두를 정도다. 겉으로 드러나는 행동만 보면 정말 중국인은 돈을 벌기 위해서라면 양심 따위는 전혀 생각하지 않는 것 같다. 하지만 거기에 우리가 모르는 오해가 있고, 그 오해가 우리를 당황하게 만든다. 나는 그것이 두 나라의 유학이 다르기 때문이라고 생각한다.

한국과 중국 모두 유학의 영향을 깊이 받았고, 수천 년이 지난 지금도 유학은 사상적 뿌리로 양국 사람들의 마음 깊이 작동하고 있다. 특히 유학의 발생지인 중국은 한국보다 유학의 깊이가 더하면 더했지 덜하지 않다. 그런데 두 나라의 유학이 다르다. 아예 다른 유학이다. 이것을 이해하지 못하면 중국인의 사고방식을 들여다볼 수 없다.

간단한 예로, 중국 철학 사상에 관심이 생기면 제일 처음 접하는 책이 펑유란(馮友蘭)의 『간명한 중국철학사(A Short History of Chinese Philosophy)』다. 펑유란은 1948년 영어로 이 책을 썼는데, 그후 프랑스어·이탈리아어·스페인어·일어로 번역돼 중국에 관심 있는 세계인들의 베스트셀러가 됐다. 이 책은 중국 철학 사상을 총 28개 장으로 설명한다. 그중 9개 장이 유학에 관한 내용이다. 그리고 그중 오직 단 하나의 장이 '성리학'을 소개한다. 그러니까 한국사람이 생각하는 유학, 즉 성리학은 중국인이 생각하는 유학 중 아주 작은 일부분에 불과하다.

유학과 신유학

중국에서 유학을 일컫는 말로는 유학과 신유학이라는 두 단어가 있다. 중국에서는 기원전 551년부터 기원전 238년까지 약 3백 년 동안 발전한 공자·맹자·순자의 사상을 유학이라고 부른다. 그야 말로 진짜 유학의 원조인 셈이다.

그런데 기원전 136년 한나라 시대 동중서라는 사람이 공자의 유학에 없는 '천인감응(天人感應)'이라는 자신의 이론을 덧붙였다. 그래서 중국에서는 동중서의 유학 사상을 공자의 유학 사상과 구 분해서 신유학이라고 부른다. 그리고 그 이후 새로 만들어지는 유 학 이론을 모두 신유학이라고 묶어서 부른다. 그러니까 중국 신유 학에는 공자가 말하지 않은 내용도 들어 있고 심지어는 공자의 사 상과 완전히 반대되는 내용도 있다.

우리나라에 유학이 전래된 것은 삼국 시대지만, 본격적으로 자 리 잡은 것은 조선 시대다. 그런데 조선의 유학은 남송 시대 주희 가 새로 만든 성리학이다. 성리학에 관해서는 오히려 우리나라가 중국보다 더 깊이 있다고 하며, 실제로 중국 연구자들이 한국으로 성리학을 연구하러 올 정도로 성리학을 잘 발전시키고 보존하고 있다. 그러니 중국은 유학의 나라이고, 한국은 성리학의 나라라고 할 수 있다. 이 차이가 오늘날 우리가 느끼는 한국과 중국의 사고 방식 차이의 핵심이다.

한국의 유학은 성리학이다. 반면 중국에서 성리학은 유학에서

변형된 신유학이다. 중국에서 성리학은 남송 시대 잠깐 유행한 한 가지 신유학일 뿐이다. 하지만 우리나라는 누가 뭐라 해도 주희의 성리학만이 진정한 유학이다. 그 외에 다른 유학 사상은 틀렸다고 생각한다고 해도 과언이 아니다.

그러나 중국은 다르다. 공자의 유학이 중국의 중심 사상으로 자리 잡은 후 중국인은 유학 공부를 시작할 때, 먼저 세 권의 기본서를 읽었다. 첫째가 위나라 시대 하안(何晏)이 쓴 『논어집해(論語集解)』다. 한나라 학자들의 논어 해석을 모은 책으로 논어를 이해하는 데 가장 기본이 된다. 그 다음이 남북조 시대 황간(皇侃)이 쓴 『논어의소(論語義疏)』와 남송 시대 주희가 쓴 『논어집주(論語集注)』다. 이런 논어 해석서는 각자의 관점에 따라 공자의 유학을 완전히 다르게 해석하기도 한다.

그래서 중국인은 고전에 나오는 문장 속 글자와 단어 하나하나까지 신중하고 세세하게 해석하는 일이 익숙하다. 똑같은 원전을 두고 다양한 해석을 전개하는 것을 익숙하게 여기기 때문이다. 이것을 미언대의(微言大義)라고 한다. 중국어는 함축적이어서 한 글자라도 깊은 의미가 있기 때문에 말을 하거나 글을 쓴 사람이 왜 그 단어를 사용했는지를 알아야 한다는 뜻이다. 그러니까 사소한 한 단어에도 다른 의미를 부여하여 그 단어를 사용한 사람의 속마음을 상황에 맞게 읽어내는 것이다. 미언대의와 같이 중국에서는 공자 이후 2천 5백 년 동안 계속해서 유학을 조금씩 다르게 해석해 왔다. 그래서 중국인은 다양한 유학 사상을 자연스럽게 받아들였지만, 한국인은 오로지 주자의 성리학만을 유학의 전부라고 생각하게 된 것이다.

유학, 중국 사고방식의 핵심

유학은 다양한 맥락과 해석을 통해 중국인의 생각을 이끌었고, 지금도 마찬가지다. 그 특징을 압축해서 말하면 크게 두 가지인데, 바로 현세적 인본주의와 권선징악이 없는 세상이다. 한국인이 중국인의 사고방식과 행동을 이해할 수 없다고 느끼는 이유가 바로 이 두 가지 특징에서 나온다. 우리는 이 두 가지 특징을 꼭 명심하고 현실에서 활용해야 한다.

첫 번째, 현세적 인본주의부터 살펴보자. 유학 영향권에 속하는 한국, 중국, 일본, 베트남은 조상에게 제사를 지낸다. 공자도 『논어』에서 조상에게 제사를 지내라고 했다. 그런데 공자는 제사를 지내라고 말하면서도, 조상이 귀신으로 존재하는지, 존재하지 않는지 모르겠다고 한다. 그래서 묵자(묵가를 만든 제자백가 중 한 사람)는 귀신도 없는데 제사를 지내라는 공자가 앞뒤가 맞지 않는 말을 한다고 비판한다.

사마천의 『사기』에도 공자가 재여라는 제자와 부모에게 제사 지내는 문제로 논쟁한 내용이 있다. 공자는 조상에게 제사 지내는 이유는 부모가 나를 인간으로 태어나게 해준 근본을 잊지 않고 보답하기 위해서라고 말한다. 그러면서 아이가 태어나면 부모는 자녀를 3년을 품고 지내기에 자식도 부모님에게 보답하기 위해 3년 동안 상복을 입고 시묘를 해야 한다고 한다. 그러니까 공자가 말하는 제사는 조상의 사후 귀신을 모시는 행위가 아니라, 나를 낳고

키워준 조상에게 고마움을 표시하는 행동, 즉 효도하는 의례다.

『논어』에 공자가 하늘에 살고 있는 신의 존재 여부를 인정하지 않는 내용이 나온다. 자공이 공자에게 하늘(신)이 있는지 묻자, 공자는 "하늘이 무슨 말을 하더냐, 하늘이 말을 하지 않아도 사계절은 알아서 돌아간다."라고 대답한다. 그래서 공자의 사상을 인본주의 또는 현세주의라도 한다. 이런 이유로 공자는 사람이 살아가는 방법은 사람 스스로 해결해야 한다고 생각했다. 사람이 사는 사회에는 질서가 필요하다. 질서 있는 사회가 되려면, 사람들이 기본적인 규칙을 만들어 서로 지켜야 한다. 그것을 강제하는 규칙이 도덕이고, 공자가 만든 도덕이 바로 '인(仁)'이다.

중국사람들은 인간이 죽은 후에 영혼으로 변해서 하늘에 올라가 영원히 생명을 이어간다고 생각하지 않는다. 『증광현문』에도 다음과 같은 구절이 나온다.

살아 있는 사람은 귀신을 볼 수 없고(生不認魂)
죽은 사람은 자신의 시체를 볼 수 없다(死不認屍)

중국인은 내세를 믿지 않는다. 사람은 죽으면 그것으로 끝이라고 생각한다. 그래서 중국인은 철저히 현세주의적인 사고방식으로 살아간다. 그들에게 가장 중요한 것은 죽은 후에 영생을 얻어 천국에서 영원히 사는 것이 아니라, 지금 살고 있는 현실에서 성공해서 행복하게 사는 것이다.

두 번째, 중국인은 세상에 권선징악이란 없다고 생각한다. 사마천은 「백이열전(伯夷列傳)」에서 "하늘은 공정하여 착한 사람에게 복을 주는가(天道無親 常與善人)?"라는 근본적인 의문을 제기한다. 그러면서 "사람이 의롭고 착하게 살아도 하늘은 복을 주지 않는다(餘甚惑焉 儻所謂天道 是邪非邪)."라고 결론 내린다. 주나라 시대 백이와 숙제의 이야기가 대표적이다.

백이와 숙제는 주나라 무왕이 상나라와 전쟁을 하려고 하자 그에 반대했다. 당시 상나라는 중국 대륙을 통일한 큰 나라였고, 주나라는 상나라의 제후국이었다. 그래서 주나라가 상나라를 공격하는 것은 마치 동생이 형에게 싸움을 거는 것처럼 기존의 질서를 뒤엎는 것이고, 대의명분에 어긋나는 일이라는 것이기 때문에 전쟁은 안 된다는 입장이었다. 하지만 주나라 무왕은 상나라를 공격하여 상나라를 패망시킨다. 그러자 백이와 숙제는 주나라의 신하가 될 수 없다며 수양산에 들어가 고사리를 먹다가 굶어 죽었다. 그래서 세상 사람 모두 백이와 숙제의 미덕을 칭송했다.

사마천은 「백이열전」에서 사람들은 하늘이 공평무사하여 언제나 착한 사람 편이라고 하는데, 덕을 쌓으며 어진 삶을 산 백이와 숙제는 대의명분을 따라 의롭게 행동하고 굶어죽었다며, 하늘이 착한 사람에게 보상을 해준다면 어찌 이럴 수가 있는가, 하고 묻는다. 또, 도척은 날마다 죄 없는 사람을 죽이고 세상을 어지럽혔지만, 호의호식하며 오래 살았고 자식들도 잘살았는데, 이것이 하늘의 도리라면 하늘의 도리는 옳은 것인가 그른 것인가?'하고 묻기도 한다.

『논어』에도 공자와 제자가 백이와 숙제에 관해 토론한 내용이 나온다. 제자가 공자에게 "백이와 숙제는 죽어가면서 이런 자신들의 운명을 원망했을까요(孔子曰 伯夷 叔齊 不念舊惡 怨是用希)?"라고 묻자 공자는 "인을 구하여 인을 얻었으니 또 무엇을 원망하리오(求仁得仁, 又何怨乎)?"하고 대답한다. 풀이하면 백이와 숙제는 도덕적인 행동을 하면서 스스로에게 만족했으니 그것으로 족하다는 것이다.

『서경』에는 주나라(기원전 1046~771년)를 기록하면서 "하늘은 선에 복을 주고 지나치면 화를 내린다"라고 한 구절이 있다. 세상에 권선징악이 있다는 것이다. 하지만 그 후 공자는 하늘은 어떤 말도 하지 않지만 사계절은 돌아가고 곡식은 자란다며, 하늘이 사람의 일에 관여하는지 아닌지 잘 모르겠다고 한다. 공자의 제자 순자(기원전 298~238년)는 하늘은 단지 자연의 질서만 관장할 뿐이라고 했다. 천여 년이 지나 주희(1130년~1200년)는 하늘은 인간과 같은 마음을 가지고 있지 않으며, 따라서 하늘은 선한 사람에게 복을 주고 악한 사람에게 벌을 내리는 주재자(신)가 아니라고 확실하게 결론낸다. 그러니까 중국에서는 유학이 시작된 공자 시대부터 인간에게 화복을 내리는 하늘이 없었다는 것이다. 즉 세상에 권선징악이란 애초부터 없다는 얘기다.

중국인의 생존 방식

중국 역사학자이자 베스트셀러 작가 이중톈은 중국에서 유방이 건국한 한나라 시대부터 사람들이 청렴결백하게 살면 인생에서 실패할 확률이 높다고 생각하게 되었다고 한다. 그러면서 이런 선례를 만든 유방을 좋게 평가하지 않는다.

중국을 대표하는 단어에는 '한' 자로 시작하는 단어가 많다. 한자, 한문, 한시, 한족, 등등. 여기서 '한' 자는 중국 한나라를 뜻하는데, 한나라는 기원전 206년 유방이 세운 나라다. 그래서 중국이라는 국가와 사회 조직 그리고 중국 민족 형성이 한나라부터 시작됐다고 한다.

그렇다면 중국인은 당연히 한나라를 세운 유방을 존경하고 좋아할 것 같은데, 중국사람은 오히려 유방에게 패한 초나라 항우를 더 좋아한다. 일례로 우리에게도 잘 알려진 항우와 우희의 사랑과 이별을 이야기한 「패왕별희」 경극과 영화는 중국인에게 인기가 많다. 중국인은 왜 유방보다 항우를 좋아할까?

사마천은 「항우본기(項羽本紀)」에서 항우는 당당하게 내세울 권위가 아무것도 없었으면서도 삼 년 만에 진나라를 멸망시키고 자신을 서초패왕이라고 칭했으며, 비록 끝이 좋지 않았으나 옛날부터 지금까지 그 외에는 그런 사람이 없었다고 기록했다. 그러니까 사마천 시대까지 중국에서 항우 같은 사람은 유일무이했다는 이야기다.

항우의 할아버지는 초나라 대장군이었다. 현대로 치면 초나라 군대를 지휘하는 국방부 장관 정도다. 그렇지만 할아버지는 진나라 전투에서 죽었고, 초나라도 망했다. 그래서 항우는 어려서 삼촌 집에서 자랐다. 항우는 스물네 살 때 삼촌을 따라 진나라와의 전쟁에 참전하여 자신의 탁월한 전투 능력을 보여주었다. 하지만 몇 년 지나지 않아 삼촌이 전쟁터에서 죽자, 혼자 남게 된다. 삼촌이라는 뒷배경이 없어지자, 항우는 초회왕에게 견제를 받아 어려운 북방 전쟁터에 내몰린다. 초회왕은 산에서 양치기로 살다가, 항우의 삼촌이 왕으로 만든 인물이다. 그래서 아마도 초회왕은 항우가 북방 전쟁터에서 죽기를 바랐는지도 모른다. 이때 유방은 초회왕의 지원으로 함양(진나라 수도)에 진격하여 손쉽게 함양성을 장악한다. 하지만 초회왕의 바람과 다르게 항우는 북방 전쟁에서 승리하여 진나라를 멸망시키고 초패왕이 된다. 이때 항우 나이가 스물일곱 살이다. 그러니까 항우는 '금수저'를 물고 태어났지만, 삼촌이 죽자 '흙수저'로 변했다가 다시 자신의 힘으로 일어선 것이다.

항우는 화를 잘 냈다고 한다. 사람이 참지 못하고 화를 잘 내면 주변 사람이 피곤해진다. 하지만 사람이 화를 낸다는 것은 자기 생각을 솔직하게 표현하는 것이기 때문에, 주변 사람이 그의 생각을 알 수 있다. 그러니까 화를 잘 내는 사람은 표리부동하지 않고 자신과 주변 사람에게 솔직하다는 의미도 된다. 그런데 이런 사람은 주변 사람이 그의 마음속 생각을 쉽게 알아챌 수 있기 때문에 속기 쉽다.

홍문연은 항우가 함양성을 장악한 유방을 죽이려고 유방을 초대한 술자리가 열렸던 장소다. 그래서 중국에서 '홍문연(鴻門宴)'이라는 단어는 여러 의미가 있다. 모임에 참석하지 않는 일반 사람들의 경우 '겉으로는 우호를 내세우면서, 안으로는 살기를 숨기고 있는 모임'이라는 뜻으로 사용한다. 하지만 모임에 참석하는 당사자들은 '대충 넘어갈 것 같지 않아 보이고 대응하기 힘들 게 분명하나 도저히 거부하기 힘든 모임에 참석'하는 경우를 홍문연이라고 한다.

항우의 초청으로 홍문연에 참석할 수밖에 없었던 유방은 자신을 도마 위에 올려진 물고기라고 했다. 언제 죽을지 모른다는 의미다. 하지만 홍문연에 참석한 유방은 항우의 속내를 정확하게 읽고 대처했기 때문에 살아날 수 있었다. 다르게 표현하면 항우는 유방에게 자신의 마음속 생각을 읽혔기 때문에 유방에게 쉽게 속을 수밖에 없었다. 그러니까 항우는 솔직한 사람이기는 하지만 어리숙한 사람이기도 하다. 그래서 중국인이 이런 항우의 인간적인 모습을 좋아하지 않나 추측해 본다.

항우는 전쟁에서 패배를 앞두고 유명한 시를 남겼다. "힘은 산을 뽑고 기개는 세상을 뒤덮건만, 시운이 불리하니 말이 앞으로 나아가지 않는구나(力拔山氣蓋 世時不利兮騅不逝)!" 다른 사람이 항우를 "역발산기개세(力拔山氣蓋)"라고 말한 것이 아니라, 항우 자신이 자신을 산을 뽑고 세상을 덮을 만한 기개를 가졌다고 표현했다는 것에서 그가 얼마나 자존심이 강했는지 알 수 있다.

항우가 마지막 전투에서 한나라 한신 장군에게 쫓겨 강가에 이르렀을 때, 어부가 배를 몰고 나타나 배를 타고 강을 건너 고향에 가 재기하라고 한다. 항우는 "내가 무사히 고향으로 돌아간다 한들, 또 그곳 사람들이 나를 불쌍히 여겨 왕으로 추대한다 한들, 내가 무슨 면목으로 그들을 대하겠느냐?"라고 말하며 거절한다. 자존심 강한 항우의 모습을 다시 한번 확인할 수 있는 대목이다.

항우는 마지막 전투에서 패배가 분명해지자 "내가 전쟁터를 다니며 8년 동안 70여 차례의 전투를 치르며 한 번도 패한 적이 없는데, 오늘 처음 패하는구나."라고 말한다. 전투에서 한 번도 진 적이 없는 항우가 어째서 처음이자 마지막으로 이 한 번의 전투에서

패하여 초나라도 멸망하고 자신도 죽었을까?

중국 역사가들은 항우가 국지적인 전투에는 매우 능했지만, 전체적인 국면에서는 유방에게 앞서지 못했다고 말한다. 개별 전투 전술에는 뛰어났지만, 전쟁 전략이 우월한 유방에게 패할 수밖에 없었다는 것이다. 하지만 중국 역사학자 이중텐은 다르게 해석한다.

항우 주변에는 청렴결백하고 강직하며 지조 있고 예의 바른 사람들이 대부분이었다. 반면 유방 곁에는 재물을 탐하고 여색을 밝히는 사람과 보잘것없는 재능을 가진 어중이떠중이들이 전부였다. 그런데 왜 항우가 유방에게 패했을까?

유방 주위에는 이익만 밝히는 염치없는 인간들뿐이었다. 그들은 유방에게 기대어 작위(벼슬)를 구걸하고 식읍(재산)을 얻고자 했다. 이런 염치없는 인간들의 욕망을 잘 알고 있는 유방은 이들에게 적당히 벼슬과 재산을 주면서 잘 구슬려 이용했기에 이길 수 있었다고 한다. 좀 더 적나라하게 표현하면 유방은 자신을 따르는 주변 신하들이 백성에게 이런저런 구실로 재물을 빼앗아 사욕을 챙기는 것을 못 본 체한 것이다.

이중텐은 유방의 한나라가 시작된 후 중국에서 항우처럼 단순하고 순진하고 제멋대로인 영웅은 점점 줄고 이익만 밝히는 비열하고 음험한 음모가와 어리석고 진부한 서생들만 늘어났다며 항우가 '하늘이 나를 망하게 하는구나.' 하며 실패를 통탄한 것도 틀린 말은 아니라고 한다. 그러면서 "항우의 죽음은 한 시대의 종말을 알리는 것으로, 이때부터 중국에서 호연지기를 가진 호랑이와 표범의 시대가 끝나고 주인 말을 잘 듣는 개와 양의 시대가 문을 연 것이다."라고 해석한다.

사람은 누구나 청렴결백하고 강직하며 지조 있고 예의 바르게 살고 싶어 한다. 하지만 그러다가는 인생에서 실패할 확률이 높다. 죽은 후 내세에서 보상을 받는 것도 아니다. 그래서 중국인들은 그렇게 살고는 싶지만 그럴 수가 없기에, 그러한 삶을 살았던 항우를 좋아하지 않을까 생각한다.

중국인의 생활방식

중국에서는 유학이 시작된 공자 시대부터 인간에게 화복을 내리는 하늘도 없고, 세상에 권선징악이란 없다고 믿어왔다. 삶이 전부다. 죽으면 끝이다. 현세에서 잘해 내세에 복을 받는 게 아니라, 현세에 성공하면 그것으로 된 것이다. 손해를 감수하고 현세에 희생해 봤자, 그것이 성공을 가져다주지는 않는다. 그러니 살아 있을 때 성공하기 위해 최선을 다해야 한다. 성공의 가장 큰 무기는 역시 돈이다. 그러니 돈을 사랑하고, 돈을 버는 일에 최선을 다해야 한다. 필요하다면 수단과 방법을 가리지 말아야 한다. 살아 있을 때 한 푼이라도 더 벌어야 한다.

겉모습만 보았을 때는 언뜻 이해되지 않았지만, 중국인의 사고방식을 들여다볼수록 그들 역시 행복한 삶을 추구하는 우리와 다르지 않다는 생각이 든다. 한편으로는 종교성이 강한 한국인과 달리 현세의 성공이 아니면 안 된다는 그들의 절박함이 조금 안쓰럽기도 하다.

2부 천부적 협상가

1장　때려서 부러뜨리기

처음 만나는 사람과는 세 마디 정도만 하는 것이지(逢人且說三句話)
가슴 속에 있는 이야기를 전부 할 필요는 없다(未可全抛一片心)

1911년, 청나라가 망하고 마지막 황제 푸이가 자금성에서 쫓겨날
때, 환관들은 푸이에게 앞으로 살아가기 위해 꼭 필요한 것 세 가지
를 가르쳐 주었다. 그중 두 번째가 돈을 다루는 법, 세 번째가 궁중
용어가 아닌 평범한 중국인이 사용하는 언어였다. 그렇다면 첫 번
째로 알려준 것은 무엇이었을까? 바로 흥정하는 법이었다. 흥정하
는 법을 아는 것이 중국에서 생존하는 데 가장 큰 덕목인 셈이다.

흥정과 시간

중국인들과 일을 하려면, 중국식 흥정부터 알아야 한다. 그런데, 우
리는 중국인을 처음 만나서 비즈니스를 진행한다고 하면 다음과
같은 모습을 보이기 일쑤다.

　첫째, 우리는 이러이러한 사람입니다. 본인이 사업가면 상품을,
직장인이면 소속 기업을, 공무원이면 소속 부서를 소개한다. 둘째,

우리는 이러이러한 일을 희망합니다. 사업가면 상품 거래를, 직장인이면 프로젝트를, 공무원이면 협력 사업을 말한다. 셋째, 이것이 우리가 바라는 세부 거래 내역입니다. 사업가면 상품 거래 가격을, 직장인이면 프로젝트 예산 범위를, 공무원이면 예산과 비용을 말한다.

한마디로 중국인과의 첫 협상에서 협상에 필요한 내용을 다 말하고 시작하는 것이다. 물론 협상의 여지를 위해 원래 예상하는 가격, 예산, 비용에서 얼마 정도 더하거나 빼는 것은 있다. 어쨌든 이와 같은 제안을 들은 중국사람들은 한국인의 의도와 상관없이 전혀 다른 생각을 한다. 한국인은 체면도 없는 이상한 사람들이라고 여기기 쉬운 것이다.

왜냐하면 중국인은 처음 만나는 자리에서는 인사말 정도만 나누고 협상의 목적을 이야기하기보다는 상대방이 얼마나 신뢰할 수 있는 사람인지 파악하는 것이 중요하다고 생각하기 때문이다.

신뢰 속도와 흥정

중국인은 어떤 일을 결정할 때 시간이 오래 걸린다. 이런저런 일로 중국인을 접해본 한국인은 중국인이 행동도 굼뜨고, 의사결정도 너무 늦어서 답답하다고 한다. 그래서 이런 중국인의 행동과 생각을 만만디(慢慢的)라고 부르며, 그 속을 도무지 알 수 없다고도 한다.

만만디는 한국어 사전에도 오른 말인데, 풀이를 보면 '행동이 굼뜨거나 일의 진척이 느림을 이르는 말'이라고 되어 있다. 중국어 사전에서 '만만(慢慢)'은 일을 처리할 때 한 걸음 한 걸음 점차적으로 진행하거나, 기다려 보고 나중에 결정하는 경우로 해석한다. 만만디라는 단어를, 한국에서는 일의 진행이 더디다는 부정적인 의미로, 중국에서는 일을 신중하게 한다는 긍정적인 의미로 사용하는 것이다. 앞으로 중국 경제가 더 발전하고, 중국 사회 환경이 변하면, 중국인 성격도 한국인처럼 빨라질까? 그렇지는 않을 것 같다.

한국에서는 일을 너무 천천히 처리할 경우 무능한 사람이라고 하지만, 반대로 중국에서는 일을 너무 빨리 처리할 경우 무능한 사람이라고 하기 때문이다.

『증광현문』에는 "상대방을 서너 번만 만나 보면, 처음 만났을 때 생각했던 상대방의 인상이 틀렸다는 사실을 알게 된다(但看三五日 相見不如初)"라는 글귀가 있다. 사람은 만나면 만날수록 처음 알았던 모습이 변하게 되니, 상대방의 진면목을 확실하게 알기 위해서는 많이 만나볼수록 좋다고 생각한다. 자국민인 중국인끼리도 상대방을 알기 위해 긴 시간을 들이는데, 하물며 외국인인 한국인을 대할 때는 어떨까?

중국 초등학교 6학년 교과서에는 "사람의 외모만으로 그 사람을 판단할 수 없다. 이는 마치 됫박으로 바닷물을 잴 수 없는 것과 같다(凡人不可貌相 海水不可鬥量)"라는 격언이 나온다. 역시 한두 번 만나서는 그 사람을 알 수 없다는 의미다. 또 이런 내용도 있다. "먼 길을 가봐야 말(馬)의 힘을 알 수 있고, 상대방을 오랫동안 겪어봐야 그 사람이 어떤 사람인지 알 수 있다(路遙知馬力 日久見人心)." 이 글귀는 워낙 유명해서 일상생활에서 자주 쓰이는데, 앞의 말과 마찬가지로 겉으로 보이는 표면적인 모습으로만 판단하면 실수할 수 있기 때문에, 그 사람의 진면목을 알려면 장기간 겪어 보아야 한다는 의미이다.

그런 중국인 입장에서는 만나자마자 처음부터 비즈니스 진행을 위해 구체적인 협상 내용을 말해 버리면 흥정도, 체면도 모르는 이상한 사람이라고 생각하기 쉽다. 중국인은 상대방을 어느 정도 파악하기 전까지는 흥정을 시작하지 않는다. 하지만 일단 흥정을 시작하면 혀를 내두를 정도로 마지막 순간까지 집요하게 흥정의 고삐를 놓지 않는다. 그리고 중국에서 흥정은 필수다.

중국 옛날이야기를 소개한다. 그 전에 먼저 한국 전래동화를 하나 살펴보자. '은혜 모르는 호랑이' 이야기다. 어느 날 호랑이가 함정에 빠졌다. 지나가던 스님이 이 호랑이를 구해 주었는데 호랑이는 은혜도 모르고 스님을 잡아먹으려고 했다. 때마침 여우가 지나갔다. 스님이 여우에게 자초지종을 이야기하자 여우는 어떤 일인지 잘 모르겠으니 상황을 한번 재현해 보라고 한다. 그래서 호랑이는 다시 함정에 들어갔고 여우는 스님에게 가던 길이나 다시 가라고 권한다.

중국에도 비슷한 옛날이야기가 있다. 명나라 시대 어느 장사꾼이 배를 타고 강을 건너다 배가 뒤집혀 물에 빠졌다. 마침 부근에서 고기를 잡던 어부가 배를 몰고 가서 물에 빠진 장사꾼에게 다가갔다. 장사꾼은 어부에게 자기를 구해주면 황금 백 냥을 주겠다고 했고, 그 말을 들은 어부는 장사꾼을 물에서 건져냈다. 그런데 육지에 도착한 장사꾼은 "어부가 하루 일해서 아무리 많이 벌어야 황금 한 냥도 못 번다."며 목숨을 구해준 값으로 약속한 백 냥이 아니라 열 냥만 주었다. 공교롭게도 며칠 후 그 장사꾼은 같은 장소에서 배가 뒤집혀 다시 강에 빠졌고, 또 그 어부가 배를 몰아 물에 빠진 장사꾼에게 다가왔다. 하지만 물에 빠진 사람이 지난번 그 장사꾼임을 확인한 어부는 그냥 가버렸다.

한국 옛날이야기는 은혜를 입고도 은혜에 보답하지 않고 오히려 해를 끼치려고 하면 결국은 나쁜 일이 생긴다는 교훈을 알려준다. 중국 옛날이야기는 은혜를 입으면 은혜에 보답해야 한다는 교훈보다는 사람은 신용을 지켜야 한다는 교훈을 알려주는 것 같은데, 중국 친구에게 물으니 예상과 다른 재미있는 답을 한다. "물건 값은 꼭 흥정해야 한다!"는 것이다.

이 이야기에는 물에 빠진 장사꾼의 목숨 값이 구체적으로 나온다. 어부는 장사꾼의 목숨값이 백 냥이라고 생각했다. 반면 장사꾼은 처음에 백 냥을 제시했으나 상황이 달라지자 열 냥으로 말을 바꾼다. 중국 친구는 이렇게 설명해 주었다. "상황이 변했지. 장사꾼이 자신의 목숨값으로 백 냥은 너무 비싸다고 생각하게 된 거야. 그렇다면 그는 어부와 대화해서 쉰 냥 정도로 흥정했어야 했어. 그랬다면 서로 만족했을 테고 다음에 만났을 때 어부는 또 구해줬을 거야."

흥정의 폭

중국인은 협상 과정에서 흥정을 매우 중요하게 생각한다. 그리고 그 흥정의 범위는 우리가 예상하는 범위를 훨씬 벗어난다. 흥정의 대상이 가격이라면 원칙적으로 상대방이 제시하는 금액의 최소한 1/2을 흥정이 가능한 금액으로 생각한다. 왜냐면 중국인 자신들이 그 정도 범위로 흥정할 것을 예상하고 두 배 이상 비싼 가격을 제안하기 때문이다. 일단 그 정도 비싸게 제시해 놓고 받아들이면 좋은 것이고, 거기서 좀 더 내려가도 큰 이익을 보는 것이니 전혀 나쁠 게 없다고 생각한다.

반면 우리는 가능한 한 흥정의 범위를 좁게 가져가서 조정을 최소화하는 것이 효율적이라고 생각한다. 빠른 시간에 원하는 결과를 얻고 싶기 때문이다. 그래서 만나자마자 모든 정보를 다 보여주려고 한다. 그러니 중국식 흥정의 범위를 알지 못하고 우리 식대로 협상을 시작하면 처음부터 협상은 어려워질 수밖에 없다.

더 중요한 것은 중국인은 모략을 써서 상대방으로부터 이익을 얻는 것이 협상의 고수라고 생각하기 때문에 협상하는 상대방을 속이는 것이 도덕과 상식 면에서 아무 문제가 없다고 여긴다는 것이다.

그래서 한국인과 비즈니스를 해본 중국인이 "한국사람은 때와 장소를 가리지 않고 모든 것을 솔직하게 이야기 한다(不分場合有話直說)."라며, 상대하기 쉽다고 말하는 것을 들어본 적도 있다. 좀 더 적나라하게 표현하면 한국인은 신중하지 못하고, 가벼운 사람이라는 의미다. 이런 구도라면 십중팔구 손해를 보는 것은 중국인이 아니라 한국인일 가능성이 높을 수밖에 없다.

한국에서는 "싸움은 말리고 흥정은 붙여라.", "흥정하는 맛에 물건 산다." 혹은 "깎는 재미로 물건 산다."라고 말한다. 우리의 흥정은 더 낮은 가격에 물건을 사기 위한 '치열한' 행위가 아니라, 재미있고 즐겁게 물건을 산다는 일종의 낭만적 요소가 들어 있는지도 모른다. 글자 그대로, 흥정이 파는 사람과 사는 사람이 흥이 나서 정을 나누는 기회인 셈이다. 그러나 중국은 전혀 그렇지 않다.

중국에서는 상대방에게 자기가 받고 싶은 최고의 가격을 제시한다. 그러면 상대방은 당연히 '처음 말하는 가격은 나를 속이는 가격'이라고 받아들이고 자신이 원하는 가격을 제시한다. 이렇게 서로 토의하고 연구하여 상품의 원래 가격으로 되돌리는 일이 바로 중국의 흥정이다.

중국에서는 흥정을 토가환가(討價還價) 또는 강가(講價)라고 한다. '토가환가'는 서로 가격을 토의하여 원래의 가격으로 되돌린다는 의미다. 그리고 '강가'는 서로 가격에 관해 연구한다는 의미다. 한국 사전에서 흥정은 '물건을 사거나 팔기 위해 품질이나 가격 따위를 의논하는 일'이라고 하지만 중국 사전에서 토가환가는 '파는 사람과 사는 사람이 그 가격을 두고 논쟁해서 담판을 짓는 일'이라고 한다. 다시 말해 한국식 흥정이 정을 나누며 가격을 의논하는 일이라면, 중국식 흥정은 격렬한 논쟁을 통해 가격을 담판 짓는 싸움인 것이다. 그래서 중국인은 아주 작은 물건을 거래하더라도 진지하고 치열하게 상의하여 최종 가격을 결정한다.

한국과 중국에서 사용하는 '가격을 깎는다'라는 표현 역시 그 어감에 상당한 차이가 있다. 한국에서는 물건을 싸게 사기 위해 가게 주인과 흥정하는 일을 두고 가격을 깎는다고 한다. 그러니까 사과 껍질을 깎는 것처럼 물건 가격을 살짝 벗겨내는 것이다. 이런 방법으로는 값을 많이 깎을 수 없다.

중국에서는 물건을 싸게 사기 위해 가게 주인과 흥정하는 일을 '따저(打折)'라고 한다. '따(打)'는 때린다는 뜻이고 '저(折)'는 부러뜨린다는 의미다. 그러니까 흥정이란 물건 가격을 강하게 쳐서 부러뜨리는 것이다. 물건 가격을 부러뜨리면 최소한 원래 가격의 반 정도는 싸게 살 수 있다. 또 중국에는 '가격을 깎는다'는 표현을 '칸지아(砍價)'라고도 말한다. '칸(砍)'은 어떤 물건을 도끼로 찍는다는 의미다. 그러니까 칸지아는 가격을 도끼로 찍어서 잘라내는 행위다.

상품을 거래하는 일 외에도 회사 간의 일상적인 계약, 업무, 사업을 위한 계약 등 모든 거래가 위와 같은 과정이다. 한국인이 중국에서 어떤 일을 하면서 중국인에게 속았다고 느낀다면 대부분은 중국식 흥정 과정을 생략했을 가능성이 높다. 운이 없어서 혹은 나쁜 중국인을 만나서 당한 것이 아니다. 중국식 흥정을 하지 못하고 한국식 흥정으로 거래했기 때문이다. 중국의 흥정을 이해하지 못하고 한국식을 고집한다면 계속 당할 수밖에 없다.

현실 지향의 중국식 협상

중국식 흥정을 어느 정도 알고 나면 중국인과 흥정할 마음이 뚝 떨어진다. 뻔히 보이는 중국인의 흥정 방식이 불필요하고 피곤하게 느껴질 때도 많다. 하지만 잘 살펴보면 뜻밖에도 중국에는 재화와 용역을 공급하는 공급자와 그것을 필요로 하는 수요자가 서로 흥정해서 가격을 결정하는 시스템이 잘 갖춰져 있다는 사실을 알게 된다. 오히려 서로 믿지 못하기 때문에, 중국에는 서로 상대방이 속이지 않았다는 사실을 확인할 수 있는 시스템이 많이 마련되어 있는 것 같다.

중국인이 가장 많이 이용하는 인터넷 쇼핑몰로 '알리바바'와 '타오바오' 그리고 '징둥'이 있다. 모두 파는 사람과 사는 사람이 직접 메신저를 통해서 가격을 흥정할 수 있다. 사는 사람이 한꺼번에 많이 산다거나 상품에 포함된 옵션을 제외하고 사려고 할 때, 파는 사람과 직접 메신저로 대화하며 가격을 조정하는 것이다. 그래서 당사자끼리 흥정해 가격을 결정하면, 파는 사람이 바로 플랫폼에서 흥정한 사람에게만 적용한 가격으로 거래를 마무리한다. 말하자면, 그때그때 가격이 달라지는 '케이스 바이 케이스' 가격이 적용된다.

처음에는 어이가 없었다. 아니, 똑같은 물건을 파는데, 사는 사람마다 가격이 달라질 수 있다고? 세상에 그럴 수가 있나? 그런데 조금만 더 생각해 보면 이게 꼭 나쁜 것만은 아니다. 오히려 시장경제에 더 어울리는 가격 결정 방식인 것은 아닐까?

얼마 전 한국에서 카카오택시가 택시와 손님의 수요와 공급 불균형을 해소하는 방법으로 즉시 배차와 우선 호출 상품 출시를 발표했다가 논란이 일어났다. 즉 출퇴근 시간이나 주말 저녁 등 택시를 잡기 어려운 시간대에 기사에게 웃돈을 제시해 고객이 쉽게 택시를 이용할 수 있는 기능을 넣겠다는 것이었다. 밤늦은 시간에 위험하게 도로에 내려가서 택시를 향해 "따블"을 외치기보다는, 카카오모빌리티 플랫폼을 이용해 손님과 택시 기사가 적정한 추가 요금을 상의하는 것이 더 합리적일 수도 있다는 생각이 든다.

중국에도 이와 비슷한, 디디추싱(滴滴出行)이라는 자동차 호출 플랫폼이 있다. 이 플랫폼에서는 손님에게 상업용 택시를 이용할지, 아니면 일반인의 공유 승용차를 이용할지 선택하여 자동차를 호출할 수 있다. 핸드폰으로 자동차 호출 앱에 접속하여 영업용 택시나 공유 승용차를 이용하면 자동차 운전기사와 손님의 실명 정보가 데이터로 기록되기 때문에 상당히 안전하다. 그리고 GPS와 연결된 디디추싱 자동차 호출 앱이 이용 요금을 산정하기 때문에 바가지 요금이 불가능하다.

프로그램 메뉴에는 자동차를 호출할 때 '합승'을 선택하는 기능이 있어서 바쁘지 않은 손님은 택시 요금을 절약할 수도 있다. 손님은 택시 요금을 절약해서 좋고 기사는 한 번에 여러 사람을 태워 돈을 많이 벌어서 좋다. 그뿐만 아니라 디디추싱에는 '따블' 기능까지 구현되어 있다.

자동차를 이용하려는 손님은 많고 자동차가 부족한 시간에 디디추싱을 이용하면, 앱 화면에 "요금을 추가하여 택시 기사가 호출에 응하도록 하세요(加價鼓勵司機接單)"라는 메시지가 뜬다. 현재이 부근에서 몇 명의 손님이 차량을 호출하고 있는데 대기 자동차는 1대밖에 없다. 자동차 기사가 평소 이용 가격의 10퍼센트를 추가로 요구하니 추가 요금을 내면 바로 자동차를 이용할 수 있다, 이런 식이다. 그러니까 추가 요금을 내고 지금 바로 이용하든지 더 기다렸다가 평소 가격을 내고 이용하든지 마음대로 선택하라는 것이다. 사회주의 국가인 중국이지만, 오래 전부터 흥정이 몸에 배인 사람들답다고 생각했다.

이뿐만이 아니다. 직접 농사지은 농산물을 재래시장에 가지고 와서 파는 농민은 과일과 채소를 팔기 위해 계량기를 사용한다. 한국처럼 과일 한 개, 두 개 혹은 채소 한 단, 두 단 단위로 물건을 팔지 않고 모두 무게를 계량하여 거래하므로 계량기는 꼭 필요하다.

상인은 자신이 속이지 않았다는 것을 계량기를 통해 손님에게 확인시켜 준다. 그런데도 재래시장 입구와 출구에는 또 별도의 기준 계량기가 있다. 손님은 자기가 산 물건의 양을 여기에서 다시 한 번 확인해 볼 수 있다. 백화점과 마트도 같은 방법으로 채소와 과일을 판매한다. 손님과 상인뿐만 아니라 직원과 사장 사이에서도 쉽게 속일 수 없도록 하는 장치가 마련되어 있다.

중국에서는 규모가 크지 않은 일반 가게도 사장이 직접 매장을 운영하지 않는 경우, 물건을 파는 직원과 물건값을 받는 직원을 구분해 놓는다. 물건을 파는 직원과 물건값을 받는 직원이 다른 것이다.

손님이 옷을 구매한다고 해보자. 먼저 여러 매장을 다니면서 마음에 드는 옷을 고른다. 그다음 매장 직원과 흥정을 해서 옷 가격을 정한다. 매장 직원은 현금수납증(現金繳款單)에 상품명과 흥정된 금액을 적어 손님에게 준다.

현금수납증을 받은 손님은 상가 건물 안의 다른 장소에 위치한 현금수납처(收銀台)로 가야 한다. 그곳에서 현금이나 모바일 페이를 지급하고 현금수납확인증을 받는다. 그리고 다시 물건을 사려는 매장에 들러 현금수납확인증을 주고 옷을 받는다. 한국 기업에도 출납과 재무를 분리하는 시스템이 존재하지만, 중국에서는 작은 규모의 매장에서도 상품과 현금을 분리해서 관리한다.

중국에서 기차를 탈 때도, 청소년과 어린이의 요금 할인 판단 기준이 있다. 그런데 한국과는 방식이 다르다. 한국에서는 열차 종류(KTX, 일반열차, 지하철)와 노선에 따라 할인율이 다르긴 하지만, 일반적으로 중고생, 어린이, 4세 이하 유아는 각각 성인 요금의 30%, 50%, 75% 정도 할인된다. 그런데 이때 청소년, 어린이, 4세 이하 유아를 구분하는 기준이 확실하게 정해져 있지 않아, 할인 요금 적용을 두고 다툼이 생기곤 한다. 특히 4세 이하 유아의 판단 기준이 모호하여 5~6세 어린이가 4세 이하 아기로 잠시 바뀌기도 한다.

중국에서 청소년, 어린이, 유아 기차 요금 할인의 판단 기준은 명확하다. 바로 신장(키)이다. 동반 가족이 있는 키 1.2미터 이하 유아와 어린이는 공짜이고, 1.2 ~ 1.5미터 어린이는 성인 요금의 절반, 어린이라도 키가 1.5미터 이상이면 성인 요금을 내야 한다. 그래서 기차표를 파는 창구에는 어린이 키를 재는 측정기(免票身高線 公車兒童半價標準牌)가 설치되어 있다.

중국에서는 안 되는 일이 없을 거라는 막연한 오해만으로, 명확한 기준 없이 협상을 시도하다가는 낭패를 볼 수밖에 없다. 꽌시도 없고 아무런 유리한 조건이 없다면, 차라리 위와 같이 누구나 납득할 수 있는 기준으로 협상에 응하는 편이 훨씬 좋다. 중국인에게 흥정이란 주어진 상황과 조건에서 서로가 얻을 수 있는 최대의 이익을 추구하는 과정임을 기억하자.

흥정의 대상에 한계는 없다

중국인이 식사 자리에서 해준 이야기다. 지휘관이 병사들에게 앞으로 가라고 명령했는데, 병사들 앞에 큰 웅덩이가 있었다. 그러니까 지휘관이 병사들 앞에 장애물이 있는지 모르고 명령한 것이다. 지휘관의 명령대로 앞으로 가면 모두 웅덩이에 빠질 상황에 처했다.

상황을 조금 더 극단적으로 만들어 보자. 총알이 날아다니는 전쟁터에서 지휘관이 병사들에게 전진하라고 명령했는데, 병사들 앞에 적군이 설치한 지뢰가 묻혀 있다. 대열의 맨 뒤에서 명령을 내리는 지휘관은 이런 사실을 모르지만, 병사들은 눈앞에 지뢰가 묻혀 있다는 사실을 알게 되었다고 하자.

병사들 입장에서는 지휘관의 명령에 따라 전진하면 지뢰밭으로 들어가 죽을 수도 있고, 전진하지 않으면 명령 불복종 죄로 지휘관에게 총을 맞아 죽을 수도 있다. 지휘관이 너무 멀리 떨어져 있어 보고하기에도 여의치 않다. 중국에서 유행하는 이야기에 따르면 미국, 일본, 중국이 대응하는 방법이 각각 다르다.

먼저 미국 병사들은 지휘관이 전진하라고 명령했어도 일단 전진을 멈추고 지휘관에게 보고한 후 행동한다고 한다.

일본 병사들은 앞에 지뢰밭이 있다는 사실을 알지만, 지휘관의 명령에 따르면 죽을 수도 있지만, 그냥 전진한다. 전쟁터와 같은 긴박한 상황에서 병사 개개인에게 자기 생각이란 있을 수 없으므로 무조건 지휘관의 명령에 따른다.

중국 병사들은 이런 상황에서 어떻게 대처할까? 중국 병사들은 제자리걸음을 한다. 전진을 하지 않아 지뢰밭으로 들어가지도 않았고, 저 뒤에 있는 지휘관이 보기에는 병사들이 움직이고 있는 것으로 보이기에 명령 불복종도 아니다. 현실에서 처한 긴박한 상황에 대처하는 방법으로 괜찮아 보이기도 한다. 하지만 지휘관이 전진하라고 명령한 내용은 실행하지 않았다.

중국 친구가 나에게 위의 유머를 이야기해 주면서, 한국 병사들이라면 이런 상황에서 어떻게 행동할지 물었다. 내가 대답을 머뭇거리자, 중국 친구는 한국 병사들은 아마 이렇게 했을 거라며 자기 생각을 먼저 말하며 나의 반응을 살폈다(참고로 이 중국 친구는 나 말고도 한국인을 겪은 경험이 많다).

한국 병사들은 이런 상황에 처하면, 병사 개개인들이 자신의 판단으로 옆쪽으로 방향을 틀어, 어떤 병사는 오른쪽으로 어떤 병사는 왼쪽으로 가서 지뢰밭을 우회한 후 다시 모여서 앞으로 전진할 거라고 했다. 한국 병사들은 전진하면 죽을 수도 있는 지뢰밭도 피했고, 잠시 동안은 옆 방향으로 가서 지휘관이 내린 전진하라는 명령은 어겼지만, 결국은 지뢰밭을 무사히 통과해 다시 모여서 전진했으므로 지휘관의 명령에 따른 것이다. 그럴듯한가.

중국인은 현실 지향적이다. 자신과 자신이 속한 조직(단체, 기업, 국가)의 목표도 중요하지만, 목표를 이루어가는 과정인 현실이 더 중요하다고 생각하는 경향이 강하다. 그래서 현실의 상황에 따라 목표는 언제든지 변할 수 있기에, 기존의 목표는 항상 바꿀 수 있다고 생각하는 경향이 있다.

반대로 한국인은 목표 지향적이다. 자기 자신의 목표든 자신이 속한 조직의 목표든 일단 목표가 설정되면, 현실에서 어떤 상황에 처하더라도 목표는 절대로 변경할 수 없다고 생각하는 경향이 강하다. 그래서 목표를 이루어 가는 과정에서 발생하는 비합리적인 세부과정과 어느 정도의 편법은 목표를 이루기 위해 어쩔 수 없었다고 합리화하곤 한다. 하지만 이미 설정된 목표는 어떤 일이 있어도 바꿀 수 없다고 생각하는 경향이 있다.

중국인은 과거에 이미 합의하여 확정한 사항이라도 상황과 조건이 변하면 언제든지 흥정하여 바꿀 수 있다고 생각한다. 심지어 서로 그 프로젝트의 최종 목표로 확정한 사항까지도 흥정하여 변경할 수 있다는 것으로 여긴다.

중국인의 흥정을 이상하다고 생각할 필요가 없다. 저들은 이미 수천 년 동안 그렇게 흥정해 왔고, 앞으로도 그렇게 흥정하며 살아갈 사람들이다. 중국인과의 협상에서 중요한 건 이익이지 효율이 아니다. 이익을 얻기 위해서라면 아무리 비효율적인 방법이라 해도 동원하는 게 중국인이다. 아무리 긴 시간이라도 확실히 이익을 얻을 수 있다고 판단한다면 한없이 시간을 흘려보내는 게 중국인이다. 그렇다면 우리도 똑같이 대응하면 된다. 그리고 중국식 흥정을 거꾸로 활용해서 더 큰 이익을 얻으면 된다. 어떻게 하면 중국인과 더 잘 협상할 수 있을지 중국인의 흥정에 대해 계속 살펴보자.

2장   어리석기 어렵다

사람은 누구나 생각할 수 있기에(人各有心)
누구나 자신의 생각이 있다(心各有見)

『증광현문』에 나오는 위 글귀는 '내가 맞고 네가 틀리다'가 아니라 '내가 맞을 수도 있고 틀릴 수도 있다'고 생각하며 살아가라는 의미다. 세상에 영원히 변하지 않는 진리가 없다고 생각하는 중국인의 입장에서는 당연한 이야기다. 과거 상황에서는 그렇게 하는 것이 맞지만, 시간이 흐른 지금 상황에서는 그렇게 하는 것이 틀릴수도 있다는 것이다. 마찬가지로 현재 상황에서는 이렇게 하는 것이 맞지만, 미래에는 이렇게 하는 것이 틀릴 수도 있다고 생각한다. 그러다 보니 완전히 모순되게 보이는 두 가지 모습이 같은 장소와 시간에 묘하게 공존하는 상황이 벌어지기도 한다.

허원패

중국 역사에서도, 전혀 어울릴 것 같지 않은 요소를 아무 거리낌없이 필요에 따라 선택하여 사용하는 모습을 볼 수 있다. 당나라 시대 당태종은 유학을 국가 운영 이념으로 하면서, 정작 본인은 오래 살고 싶은 마음에 도교를, 죽어서는 극락에 가고 싶은 마음에 인도에서 전래한 불교를 믿었다. 유학·불교·도가 창시자 공자·석가모니·노자의 사상이 다르기는 하지만 객관적으로 모두 타당성이 있기 때문에, 필요할 때마다 가장 적당하다고 생각되는 종교를 가져다 쓰는 것이다.

중국의 보통 사람들도 마찬가지다. 중국에서는 내가 바라고 원하는 내용을 빨간 나뭇조각이나 천에 써서 걸어 놓는데, 이런 표찰을 '허원패(許願牌)'라고 한다. '소원을 적은 표식'이라는 의미다. 중국사람들은 유원지에 놀러 갔는데 절이 있으면 절에 허원패를 걸어 놓고, 등산 갔는데 그곳에 도교 사원이 있으면 또 거기에 허원패를 걸어 놓는다. 마찬가지로 유학 공간인 공묘나 문묘를 방문했을 때도 역시 허원패를 걸어 놓는다.

불교나 도교나 유학을 종교로 믿는 게 아니라, 모두 훌륭한 성인이니 예를 표하면 소원을 들어줄 것이라 생각한다는 이야기다. 대학 입시나 입사 시험을 앞두고는 훌륭한 선생님이었던 유학의 공자가 필요하고, 사업에 실패하거나 연애하던 대상과 헤어져 마음이 심란하면 불교의 석가모니가 필요하고, 건강이 나빠지거나 장사를 시작할 때는 도교의 노자나 재물신 관우(關羽)가 필요하다.

그런데 이렇게 상황에 따라 필요한 종교가 다르고, 또 종교의 창시자를 기리는 공간이 다른 장소에 있다 보니 불편했나 보다. 그래서 중국인은 공자와 석가모니와 노자를 함께 모시는 삼수당(三修

堂)이라는 종합 공간을 만들게 된다. 한국인은 쉽게 상상할 수 없는 개념이다.

삼수당에서 '수(修)'는 한국에서는 '닦다, 익히다'라고 해석하지만, 중국어에서는 '고쳐서 완전하게 만든다'라고 해석한다. 그러니까 중국인은 삼수당이라는 공간을 찾아 각각 다른 능력을 갖춘 공자와 석가모니와 노자에게 이루고자 하는 바를 한꺼번에 말하는 것이다. 마치 한국에 있는 중국 음식점에서 자장면과 짬뽕을 한번에 먹을 수 있는 '짬짜면'을 먹는 것과 같다.

중국인은 각각의 종교가 서로 다른 사상을 가지고 있고, 또 그 다른 사상이 서로 모순된다고 할지라도, 상황에 따라 언제든지 필요한 부분을 가져다 사용하는 실용적인 종교관을 가지고 있다.

화이부동 구동존이(和而不同 求同存異)

한국인이 중국인과 사업이나 업무로 협상할 때 두 나라의 문화가 다르기 때문에 곤란한 것 중 하나가 한국인의 '끝장 토론' 문화다. 중국에는 끝장 토론이라는 용어 자체가 없다. 중국인은 협상 중에 양측의 입장 차이가 큰 문제가 발생하면 그런 문제는 일단 옆으로 미루어 두고, 다른 문제부터 협상 테이블에 올려 논의를 이어간다.

중국인은 협상하면서 당장 해결하기 어려운 문제에 부딪히면 그 이야기는 일단 중단한다. 하지만 한국인은 그 자리에서 끝까지 논의하여 결론(끝장)을 내려고 "당신이 맞는지 내가 맞는지 이 자리에서 한번 결판을 내봅시다." 하는 경향이 있다. 그러면 중국인은 이렇게 말한다. "좋습니다. 견해 차이가 있다는 것을 알았습니다.

그 문제는 일단 옆으로 제쳐놓고 다른 문제부터 이야기합시다."

중국인은 어떤 사항이든 상대방과 자신의 의견이 다를 수 있다고 생각하기에, 후에 상황과 조건이 달라지면 다시 협의하는 것이 합리적이라고 여기기 때문이다.

이런 중국인의 협상 태도를 이해하지 못하는 한국인은 그 자리에서 분통을 터트릴 수도 있다. 만일 그 자리에서 "이거 무슨 소리입니까?"라는 식의 반응을 보이면, 판이 깨지거나 아니면 상대방이 바라는 대로 완전히 혼란에 빠져 그 문제를 해결하기 위해 무의식적으로 다른 조건을 양보하게 될 수도 있다.

양국은 중국과 대만, 한국과 북한이라는 비슷한 분단 구도를 가지고 있는데, 이 역시 중국인과 한국인의 차이를 드러내는 좋은 예시인 것 같다. 일단 한국과 북한은 정치 상황이 경제 문제에 큰 영향을 끼친다. 한국과 북한이 정치적으로 좋은 관계를 유지하면 경제 협력 사업인 개성공단도 잘 돌아간다. 하지만 한국과 북한이 정치적으로 대립하면 개성공단이 문을 닫는다.

중국과 대만은 정치 상황이 둘 사이의 경제 문제에 영향을 주지 않는다. 정치적인 문제로 자주 군사적 시위까지 벌이지만, 중국과 대만의 경제 협력 관계는 아무 문제 없이 잘 돌아간다. 대만이 중국에 투자한 기업들이 회사를 철수한다는 이야기도 없고, 중국이 대만에 가는 관광객을 막는 정책을 실행하지도 않는다.

『논어』에는 "나와 다르더라도 서로 같은 부분을 찾아서 화목하게 지내면 된다(和而不同 求同存異)"는 글귀가 있다. 그러니까 서로 생각이 다르면 애써서 같아지려고 하지 말고, 다르다는 사실을 인정하고 그러려니 하라는 것이다. 괜히 서로 다른 부분을 문제 삼아서 그 외의 부분까지 문제를 확대하지 말라는 의미다.

한국과 중국의 결혼식 풍경만 보아도 알 수 있다. 한국 결혼식은 먼저 예식장에서 신랑은 양복을, 신부는 웨딩드레스를 입고 서양식으로 예식을 진행한다. 그러고 나서 신랑과 신부가 한복으로 갈아입고 한국식으로 폐백을 드리는 예식을 또 한다. 그러니까 한국 결혼식은 먼저 서양식으로 한 번, 나중에 한국 전통식으로 또한 번 치르는 것이다.

이번에는 중국의 공자 집안에서 결혼식을 어떻게 치렀는지 살펴보겠다. 공자 집안은 중국 최고의 양반 가문이다. 그런데 '양반'은 한국식 표현이다. 중국에는 양반이라는 말이 없다. 한국에서 양반임을 증명하는 수단은 족보다. 중국 역시 마찬가지인데, 공자 집안은 2,500년 동안 공자의 후손을 기록한 족보를 가지고 있다. 한국에서나 중국에서나 양반임을 증명하는 족보는 항상 조작 여부를 의심받는데, 공자 집안 족보는 세계 그 어느 족보보다 정확해서 누구도 가짜라고 하지 않는다.

아무튼 1936년 12월 16일 중국 최고 양반 가문 출신인 공자 77대 종손 공덕성이 산둥성 지닝시 곡부에 있는 공부(孔府)에서 결혼식을 치렀다. 중국 최고 명문가의 결혼식답게 당시 중국에서 한가락 한다는 인물은 모두 참석했다. 원래는 당시 중국 일인자 국민당 정부 주석 장제스(蔣介石)도 참석하기로 했는데, 서안사변이 일어나 장쉐이량이 장제스를 감금하는 바람에 가지 못했다.

그런데 만약 한국사람이 1936년 중국 최고 양반 가문 종손 결혼식에 참석해 예식 모습을 봤다면, "이건 완전히 상놈 결혼식이네." 하며 욕했을 것이다.

공덕성은 공부의 후당루(後堂樓) 건물에서 결혼식을 했는데, 중체서용에 따라 중국 본래의 유학 결혼 예법과 서양의 결혼 예법을 반반 섞은 새로운 방식의 예식을 치렀다. 공자의 종손인 신랑은 중국 전통 결혼 예복을 입고, 공자 종손 집 맏며느리가 될 신부는 서양 결혼 예복을 입었다. 예식 행사도 중국 유학 결혼 예법과 서양 근대 결혼 예법을 반반씩 적용해 진행되었다.

한국에서는 한국 전통 결혼 예식과 서양에서 들어온 결혼 예식을 구분하여 두 번 결혼 예식을 치르는 방식을 취하는 데 반해 중국에서는 전혀 다른 중국과 서양의 결혼 예식을 합쳐서 한 번의 결혼 예식으로 끝낸다.

결혼식뿐만이 아니다. 공자 후손들의 생활 공간인 공부는 중국에서 유명한 관광지다. 그래서 공부 입구에는 공자 후손들이 가게를 열어 조상 공자와 관련된 기념품을 판다. 가게 앞 진열대에는 공자 초상화와 조그마한 공자 동상을 놓고 판다. 그런데 공자 초상화 옆에는 마오쩌둥 초상화가 있고, 공자 동상 옆에는 마오쩌둥 동상이 같이 진열되어 있다. 그러니까 중국 유학을 만든 공자와 유학을 부정하고 공산당 국가를 세운 마오쩌둥이 나란히 자리 잡고 있는 것이다. 한국 상황으로 비유하자면 한 공간에 기독교 상징물과 불교 상징물을 나란히 진열해서 팔고 있는 것과 마찬가지다.

중국 산둥성 타이얼주앙 운하 관광지에는 유학 서원이 있다. 유학 서원이란 옛날에 유학을 가르치던 학교다. 이곳 유학 서원 정문

옆 담장에도 공자와 마오쩌둥의 사진이 나란히 붙어 있다. 세상에는 영원히 변하지 않는 진리가 없다고 생각하는 중국에서는 서로 다른 것이 설혹 정반대의 생각을 가졌더라도 전혀 개의치 않고 같이 공존할 수 있다.

중국 어린이 애니메이션에서도 완전히 반대되는 입장에 처한 두 사람이 한 공간에 어울려서 같이 살아가는 모습이 나온다. 한국에 '뽀로로'가 있다면 중국에는 '시웅츄무어(熊出沒)'가 있다. 한국어로는 '곰이 출몰하다'라는 뜻인데, 자식을 가진 부모도 어린이와 같이 보다 보니, 아마도 중국인 중에 이 애니메이션에 나오는 주인공 꽝터우치앙 아저씨와 곰 형제를 모르는 사람이 없을 것 같다.

주인공 꽝 아저씨는 벌목공이다. 그는 숲속에 집을 짓고 살면서 도시에 벌목한 목재를 팔아 생활을 영위한다. 곰 형제는 산림 보호원으로 숲속에 있는 나무를 사람들이 함부로 벌목하지 못하게 한다. 줄거리 구조상으로는 꽝 아저씨와 곰 형제는 대립적인 관계다. 꽝 아저씨는 나무를 베어야 하고, 곰 형제는 꽝 아저씨가 나무를 베지 못하도록 막아야 하기 때문이다. 그래서 이 둘은 항상 나무 베는 일로 싸운다.

하지만 이 둘은 대립적인 관계임에도 서로 도와주기도 한다. 홍수가 나서 꽝 아저씨 집이 무너지면 곰 형제가 와서 꽝 아저씨를 도와 무너진 집을 같이 고친다. 또 숲에 아주 나쁜 사람들이 나타나면 이 둘은 힘을 합쳐 나쁜 사람을 혼내 준다. 그러다가 숲속 상황이 안정되면 다시 둘의 관계는 대립적인 관계로 바뀌어, 서로 못 잡아먹어서 안달이다.

한국에서 이런 줄거리로 어린이 애니메이션을 만들었다면 어땠을까? 아마도 숲에서 몰래 나무를 베는 꽝 아저씨는 나쁜 사람으로 경찰에 잡혀가거나, 아니면 숲속에서 약초 캐는 일로 직업을 바꾸고 다시는 나무를 베지 않는다는 줄거리로 만들었을 것이다.

하지만 중국 애니메이션에서는 꽝 아저씨를 나쁜 사람으로 설정하지 않는다. 누군가는 나무를 베어야만 집을 지을 수 있고, 꽝 아저씨는 그 일로 생계를 유지하기 때문이다. 또 곰 형제도 숲을 보호해야 하고 그 일로 먹고살기 때문이다. 그래서 중국 어린이는 애니메이션에 나오는 주인공 둘 모두를 좋아한다.

완고함과 순발력

중국인은 한국인이 일을 처리하는 모습을 두고 순발력이 있다고 말한다. 중국 같으면 오랜 시간이 필요한 일이라도 한국인은 융통성을 발휘해 짧은 시간에 처리한다고 말이다. 그런데 행동에는 순발력이 있지만, 생각(이데올로기, 종교)은 완고하다고 평한다. 사람이 자신의 행복을 위해 이데올로기나 종교를 선택하는 것이지, 거꾸로 이데올로기와 종교가 사람을 통제할 수는 없다고 생각하기 때문이다. 1780년 박지원이 쓴 『열하일기(熱河日記)』에도 한국인의 사고가 얼마나 완고하고 융통성 없는지 알 수 있는 내용이 나온다.

청나라 건륭제의 70세 생일 축하연이 열리자 세계 각국 사신이 참석하는데 티베트의 '판첸라마'도 참석한다. 판첸라마는 달라이라마와 함께 티베트를 이끄는 라마교 지도자이면서 정치 지도자다. 티베트에서는 처음 만나거나 헤어질 때, 천으로 만든 긴 수건을 서로 주고받는다. 이 수건을 합달이라고 하는데, 합달을 라마교 예물로 쓰는 풍습은 판첸라마의 탄생 신화에서 유래한다. 어느 날 한 여인이 물 위에 떠있는 향기 나는 수건을 주워 허리에 두른 후 임신하여 아기를 낳았고 이 아기가 바로 '파스파'였는데, '판첸'의 전신(前身)이 파스파라고 한다. 그래서 티베트에서는 라마교 의례에서 파스파를 상징하는 합달을 사용했는데, 나중에는 일상생활에서도 합달을 주고받는 풍습으로 변했다.

청나라 건륭제는 생일 축하연에 참석한 티베트 불교 지도자 판첸라마를 위해 황제 행궁 옆에 수미복수지묘(須彌福壽之廟)라는 불교 사찰을 건축했다. 사찰 지붕을 금 기와로 엮는 등 판첸라마를 위해 지극정성을 다했다. 또 판첸라마를 만날 때 머리를 조아려 존경을 표하며 황자(왕자)에게도 머리를 조아려 예를 표하라고 했다.

중국 열하에 도착한 조선 사은사는 일정에 따라 황제를 만나는 등 공식 활동을 하고 있었다. 그런데 갑자기 청나라 황제가 조선 사은사에게 불교 사찰 수미복수지묘에 가서 티베트 불교 지도자를 만나라고 한다. 청나라 황제가 특별히 조선 사은사를 생각해서 자신이 존경하는 판첸라마를 만날 기회를 준 것이다.

그런데 조선은 건국 후 유학을 기본 이념으로 나라를 운영해 왔다. 그래서 유학을 숭상하고 불교를 억압하는 숭유억불 정책을 폈다. 박지원이 중국 청나라를 여행한 1780년경 조선은 유학(주자학)의 나라였다. 이 당시 유학은 국가 통치 이념을 넘어서 개인의 일상생활에까지 영향을 끼쳤다. 국가에서 실시하는 과거시험도 모두 유학과 관련되었다. 그래서 어느 누구도 유학 외의 다른 종교나 사상을 입 밖에 꺼내지 못했다.

특히 유학을 대신할 수 있는 불교는 국가 차원에서 철저히 억압했다. 그래서 불교와 관련된 종교행사에 참석하거나, 불교 경전 내용을 이야기하는 사람은 사회에서 핍박받는 정도를 넘어 매장될 수도 있었다. 그 때문에 유학만을 숭상하고 그 외에 다른 종교나 이데올로기를 배척하는 조선이다 보니 사은사 정사(총책임자) 박명원은 난감한 처지에 빠진다. 청나라 황제의 명령이니 티베트 불교 지도자를 만나지 않을 수도 없고, 그렇다고 불교 지도자를 만나면 그 사실이 조선에 알려져 나중에 돌아갔을 때 처지가 곤란해질 수도 있기 때문이다.

엎친 데 덮친 격으로, 청나라 황제의 상서(황제 비서실장격)는 사은사 박명원에게 티베트 불교 지도자를 만나면 머리를 조아리는 예를 표하라고 한다. 그러자 정사 박명원은 "머리를 조아리는 예절은 황제에게만 하는 것인데, 어찌 황제에 대한 예절을 중 따위에게 할 수 있는가."라며, 그럴 수 없다고 강하게 항의한다.

그러나 청나라 황제의 상서는 "황제도 스승에 대한 예절로 판첸라마에게 머리를 조아리는데, 황제의 명에 따라 조선 사은사가 같은 예를 올리는 게 당연하다."라고 말한다. 사은사 박명원이 그럴 수 없다며 완강히 버티자, 청나라 상서는 모자를 벗어 던지며 언성을 높인다. "그깟 머리 한번 숙이는 게 뭐 대단하다고 그러는가. 더 이상 다른 소리 하지 말고 빨리 사찰에 가서 만나라."

한바탕 소동 후에 사은사 박명원은 어쩔 수 없이 수미복수지묘를 방문해 판첸라마를 만난다. 박명원이 판첸라마 앞에 다가가자 청나라 군기 대신(황제 보좌관)이 박명원에게 합달을 건네주며, 티베트 라마 불교 의례에 따라 판첸라마에게 바치라고 한다. 얼떨결에 합달을 받은 박명원은 합달을 머리 높이로 들어 판첸라마에게 바치고 얼른 뒤돌아선다.

그러자 청나라 군기대신이 머리를 조아리는 예를 표하라는 눈짓을 보내며 당혹해한다. 하지만 사은사 박명원은 모른 체하며 자리로 돌아와 허리를 조금 구부리는 체하면서 털썩 앉아 버린다. 의례적인 인사말을 마친 후 수미복수지묘를 떠날 때, 판첸라마는 조선 사은사에게 여러 가지 선물을 준다. 그런데 이렇게 받은 선물에 불교의 종교 상징물인 불상도 있었다. 판첸라마를 만난 후 조선 사은사 일행은 회의를 연다. "우리가 판첸라마를 대한 예절이 미흡하여 혹시 청나라와 외교적인 문제가 일어나지 않을까." 하는 염려와 얼떨결에 받은 불교 상징물 '불상' 처리 문제를 상의한다.

이러한 사실을 보고받은 건륭제는 화가 나서 조선 사은사 일행이 조선으로 돌아갈 때 어떤 지원도 하지 말라고 한다. 그래서 사은사 일행이 조선에서 중국 열하까지 올 때는 청나라 군관이 동행하며 안전을 지켜주고 모든 숙식을 제공했지만, 조선으로 돌아갈 때는 청나라로부터 어떤 지원도 받지 못하고 스스로 알아서 돌아가야 했다.

이 문제는 불편하기는 하지만 몸으로 때우면 된다. 하지만 불상을 어떻게 처리해야 하는지는 여전히 어려운 일이었다. 중국에서는 먼 길을 떠나는 여행자가 안전하기를 바라는 의미에서 불상을 선물하는 풍습이 있지만, 조선에서는 한번이라도 불교와 인연을 맺으면 평생 허물이 되다 보니 해결하기가 쉽지 않았다.

생각 같아서는 얼른 불상을 버리고 싶지만, 혹시라도 중국 청나라 황제에게 알려지면 문제가 커질 소지가 있었다. 그렇다고 조선에까지 가지고 간다면 사은사 일행의 신변에 문제가 발생할 소지가 있었다. 그래서 귀국 길에 두 나라 국경인 압록강에서 궤짝에 넣어 강물에 띄워 바다로 보내기로 한다.

『열하일기』에는 사은사 일행이 열하에서 북경으로 돌아오자마자 불상을 조선 역관(통역관)에게 줘버렸고, 역관은 불상을 팔아 말몰이꾼에게 돈을 나누어주었다고 한다. 하지만 말몰이꾼도 이런 돈은 받을 수 없다고 난리를 떨었다고 적혀 있다.

조선 시대 정부 공식기록인 『일성록(日省錄)』에는, 정조의 지시에 따라 사은사 박명원이 귀국 길에 평안북도 영변에 있는 사찰로 보냈다고 한다. 정조 입장에서도 아무리 청나라 선물이지만 조선의 수도 한양에 불교 상징물을 가지고 올 경우 복잡한 문제가 생길까 염려되어 미리 귀국 길에 처리해 버리라고 지시했으리라 생각된다.

중국인은 한국사람들은 역동적이지만 이상하게 사상(이데올로기와 종교)에 대해서만은 완고하다고 말한다. 다르게 표현하면, 아무런 실속도 없는 것에 쓸데없는 고집을 부려서 헛심을 쓴다는 것이다. 이런 한국인의 협상 모습을 자주 겪은 중국인은 한국인은 성격이 급하고 고집이 세서 "손해가 발생하는데도 자신이 옳다고 생각하는 대로 결정한다(明知道自己會有損失 也要堅持去做)."라고 말한다. 한국인은 자신의 철학이나 사상, 가치관이 옳다고 생각하면 어떤 상황에서도 바꾸지 않으려고 한다. 그래서 한국사람들은 계약이든 프로젝트든 목표가 정해지면 원칙적으로 수정이 불가능하다고 생각하는 경향이 있다.

적 만 명을 죽이려면 아군 삼천 명의 손실이 발생한다(殺人一萬 自損三千)

어떤 일을 할 때 반드시 내가 입을 손실도 따져 보아야 한다는 의미다. 다르게 말하면 어지간하면 상대방과 정면으로 싸우지 말고 협상을 통해 다른 대안을 찾는 것이 더 이익이라는 의미다. 그래서 중국인은 어떤 상황에서도 한 번 정해진 목표(이데올로기, 종교, 계약서, 프로젝트)는 절대로 바꿀 수 없고 그대로 진행해야 한다는 한국인을 이해할 수 없다고 한다. 그러면서 위의 글귀를 반대로 뒤집어서 한국인은 "자신의 군대 삼만 명이 죽더라도 적군 만 명을 죽이고 이겨야 하는 사람들(殺人一萬 自損三萬)"이라고 한다.

애매모호함의 미학

이해관계를 가지고 중국인을 상대해 본 한국인은 중국인이 의뭉스러워 속을 알 수 없으니, 절대로 쉽게 믿지 말라고 한다. 중국인이 자신의 속마음을 잘 드러내지 않는다는 것은 틀린 말이 아니다.

협상을 하면서 조금 더 유리한 위치를 확보하기 위해 전술의 일환으로 그러는 경우도 있지만, 중국사람들은 협상할 때뿐 아니라 일상생활에서도 자기 생각을 최대한 애매하게 표현한다. 이것은 대단히 오래된 습관이다. 자신의 의견을 꼭 밝혀야 할 경우에도 그 상황을 이해하지 못한 것처럼 행동하기도 한다.

중국인들은 "어리석기가 어렵다(難得糊塗)"는 말을 좋아한다. 즉 다른 사람에게 어리석게 보이기가 어렵다는 의미다. 그러니까 몰라서 모른다고 하는 것이 아니라, 잘 알고 있으면서도 일부러 모호하게 말하는 것이다. 어리석은 척하여, 상대방이 쉽게 본인의 의도와 태도를 밝히게 하는 방법이다.

중국인의 이런 애매한 태도는 종종 상대방을 화나게 한다. 그리고 동시에 '중국인은 속을 알 수 없다'거나 '중국인은 무섭다'는 인상을 심어준다. 하지만 상대방이 자신의 말을 잘못 오해하여 피해를 볼까 봐 애매하게 말하는 것이다. 물론 이해관계가 걸렸을 경우에는 협상하는 방법 중 하나이기도 하다. 자기의 의견이나 입장이 앞으로 변경될 가능성이 크기 때문에, 변경할 수 있는 여지를 항상 남겨두어야 한다고 생각한다. 그래서 일부러 모르는 척하는 경우가 많다. 중국인은 수천 년 동안 이렇게 애매한 화법과 태도로 살아왔다. 과연 이런 태도가 쉽게 바뀔까?

중국인은 중국인끼리도 이해관계가 걸린 일을 추진할 때는, 마지막 순간까지도 애매하게 표현하며 명확하게 자기의 생각을 말하지 않는다. 상대방을 꽌시 관계인 자기사람 정도로 믿을 때까지는 결코 자신의 의견을 명쾌하게 말하지 않는다. 그러니까 마지막까지도 딱 부러지게 이야기하지 않는다는 것이다. 그러니 우리는 중국인을 못 믿을 사람들이라고 단정지을 것이 아니라, 철저한 '실용주의자'들과 흥정하는 법을 배워야 한다.

베이징에서 중국 회사에 취직해 근무한 한 한국인은 이런 말을 했다. "중국인들과 일하던 초창기 몇 년간 가장 힘들었던 점은 원칙이 없는 중국인들이 어제와 오늘 다른 얘기를 하는 경우가 다반사라는 거였다. 그래서 이런 사람들을 어떻게 믿고, 어떻게 장기간 일을 할 수 있을까, 하는 큰 벽을 느꼈다."

그런데 시간이 흐르고 중국인들을 더 알아가게 되면서, 그들이 주어지는 상황마다 자신의 이익에 가장 유리한 방면으로 생각하기 때문에 입장이 바뀌는 것이라는 걸 알게 되었다. 어느 특정한 사람의 성향이 아니라 중국인의 역사와 문화 속에 녹아든 성향이라는 것을 알게 되어 점차 이해하게 되고 받아들이게 되었다.

영원한 진리는 없다

『성경』에는 "네 이웃을 네 몸과 같이 사랑하라"라는 구절이 있다. 『논어』에는 "내가 원치 않는 일을 남에게 행하지 말라(己所不欲 勿施於人)"라는 구절이 있다. 얼핏 보면 비슷한 말 같지만, 자세히 따져 보면 완전히 다른 의미다.

"네 이웃을 네 몸과 같이 사랑하라"는 내가 원하는 것을 남들도 원한다는 사실을 전제로 한다. 하지만 내가 원하는 것을 남들이 원하지 않을 때도 있다. 사람마다 원하는 것이 다르니까. "내가 원치 않는 일을 남에게 행하지 말라."는 내가 원하지 않는 것은 남들도 원하지 않는다는 사실을 전제로 한다. 반대로 해석하면 내가 원하는 것을 남들은 원하지 않을 수도 있다는 사실을 인정하는 것이다.

유학을 만든 공자는 하늘(신)을 인정하지 않았다. 그래서 세상 사는 질서를 위해 인(仁)을 만들었다. 즉 하늘(신)이 영원불변한 진리를 만들어 세상 사람에게 알려 주지 않았다고 본 것이다. 『논어』「공야장」27장에서 "세상에 나보다 뛰어난 사람은 많을지 몰라도, 나만큼 배우기를 좋아하는 사람은 없을 것이다(十室之邑 必有忠信如丘者焉 不如丘之好學也)."라고 말한 것을 보아, 아마도 공자는 자신이 주장한 인(仁)이라는 도덕도 사람이 만든 것이기에 진리는 아니라고 생각했을 것이다.

배우기를 좋아한다는 것은 자기 자신이 지금까지 알고 있는 것을 부정할 때만 가능하다. 자신이 세상 모든 것을 다 알고 있다면 더 이상 배울 필요가 없다. 공자는 자신이 말하는 것이 영원불변한 진리가 아닐 수도 있다는 사실을 인정했다. 즉 세상에 절대 진리는 없으며, 진리라고 말하는 것은 항상 변할 수 있다고 보았다.

그래서 중국인은 상황에 따라 다르게 대처하는 것이 당연하다고 생각한다. 심지어 동일한 상황이라도 시점에 따라 다르게 대처하기도 한다. 중국인은 시대와 장소를 초월하여 영원한 고정불변의 것은 없다고 생각한다. 그래서 중국인은 모든 일에 있어 상황에 따라 유연하게 대응한다. 중국인 입장에서는 융통성 있게 실용적으로 대처한다고 할 수 있지만, 한국인 입장에서는 일관성이 없다고 생각할 수도 있다.

겪어 보지 않으면 체감하기 힘든 중국인들의 실용주의 사고방식이다. 중국인과 일하면서 원칙이 없어서 신뢰하지 못할 사람들이라는 편견을 갖기 쉽지만, 그들이 왜 그렇게 행동하는지 이해하

고 대처하는 것도 필요하다. 그래야 판을 깨지 않고 흥정과 협상
을 통해 서로가 이익을 얻을 수 있는 방법을 찾을 수 있기 때문이
다. 중국과 일하는 한국인 개개인들이 중국 파트너의 판단을 예측
할 때 반드시 기억해야 할 중국인의 특성이다.

3장 체면과 가면

면전에서 이야기하면 상대방의 원한을 살 수 있다(當面論人惹恨最大)
다른 사람이 뭐라 이야기하든 듣고만 있어라(是與不是隨他説吧)

체면은 중요하다. 우리도 그렇고 중국인도 그렇다. 그런데 한국인과 중국인이 생각하는 체면이 다르다. 그래서 한국식으로 중국인의 체면을 세워주려고 하면 중국인은 오히려 한국인이 자신의 체면을 깎았다고 오해할 수도 있다. 반대로 중국인이 중국식으로 한국인의 체면을 세워주려고 했는데 한국인은 괜히 불쾌해지는 경우도 있다.

체면의 관점

1900년, 청나라 광서제 때의 일이다. 서구열강의 경제 침탈로 물가가 폭등하고 세금부담이 가중되자, 경제적 압박에 못 견딘 나머지 서구열강을 몰아내자는 의화단 운동이 일어났다. 질풍 같은 기세로 대륙을 몰아친 의화단은 드디어 북경에 있는 서구열강의 공사관을 포위하기까지 이르렀다. 하지만 유럽을 상대할 힘도, 의화단을 통제할 힘도 없는 청나라 정부는 어정쩡한 태도를 보일 수밖에 없었고, 그 사이 서구열강의 8개국 연합군 5만 명은 북경을 공격했다. 당시 황실의 실권자 서태후가 다급히 대책 마련을 논의했는데, 당시 청나라의 입장에서는 뾰족한 수가 없었다. 항복하거나 아니면 연합군의 공격을 피해 도망가는 것뿐이었다. 이때 한 신하가 '황실의 체면'을 지킬 묘안을 올렸다.

"요즘 시안 지방에서는 야생 동물이 민가에 내려와 피해가 매우 크다고 합니다. 속히 나서서 야생 동물을 사냥해야 할 줄로 아뢰옵니다." 그러자 서태후는 해를 끼치는 동물은 직접 잡아 없애 버려야 한다며 본인이 직접 시안으로 갈 테니 속히 사냥 채비를 갖추라고 하명했다. 그리고 바로 그날이 채 지나기도 전에 서태후와 광서제는 황급히 시안으로 사냥을 떠났다. 뒤이어 8개국 연합군이 밀려와 자금성을 함락하고 약탈을 시작했다.

수도 북경이 함락되기는 했지만, 황실은 도망을 간 것이 아니라 백성들을 위해 야생 동물 사냥을 간 것이기 때문에 체면이 설 수 있었다. 자, 중국인이 생각하는 체면과 한국인이 생각하는 체면이 다르다는 사실을 눈치 챌 수 있겠는가.

중국에서는 체면을 '미앤즈(面子)'라고 말한다. '신체와 얼굴, 즉 외면이 보기 좋다'는 의미다. 그러니까 중국에서 체면이란 자신의 외적인 모습, 즉 다른 사람이 바깥에서 자기를 어떻게 바라보는지가 중요하다. 반면 우리가 생각하는 체면이란 주변 사람이 자신을 인정해 주는 것도 중요하지만, 그보다 내가 나 자신을 바라봤을 때 만족하는 모습이 되는 것이 더 중요하다. 그러니 체면을 세운다는 것의 관점이 타인 쪽으로 더 기울어지는 것이 중국식이고, 자신 쪽으로 더 기울어지는 것이 한국식이다.

서태후의 사례로 이야기해 보자. 먼저 서태후 입장을 보면, 서태후는 말로는 사냥을 하러 간다고 했지만, 실제로는 자신이 도망간다는 사실을 스스로도 잘 알고 있었다. 한국인이라면, 이것은 그저 눈가리고 아웅이라고 생각하지, 체면이 섰다고 받아들이지 못할 것이다. 왜냐하면 한국식 체면은 내가 나 자신을 바라보았을 때도 어느 정도 자부심이 생겨야 하기 때문이다. 그러나 중국식 체면은 실제 내용과는 상관없다. 남들이 보기에 어떤가가 더 중요하기 때문이다. 다른 사람에게 그럴 듯하면 되는 것이다.

서태후의 체면을 세워준 신하의 입장에서 봐도 그렇다. 신하는 서태후에게 사냥을 가라고 하면서 (백성이 바라보는) 서태후의 체면을 세워줬다. 하지만 신하 역시 서태후가 사냥을 하러 가는 것이 아니라 사실은 연합군을 피해 도망간다는 사실은 잘 알고 있었다. 그러나 여기서는 백성들이 볼 때 황실이 움직일 그럴듯한 명분을 세워주는 것이 중요했다. 신하는 그 명분을 만들어준 것이다. 하지만 한국식으로 생각한다면? 아마 조선의 지도자라면 임금을 능욕하는 신하라고 벌을 내렸을지도 모를 일이다.

중국인의 체면을 잘 알 수 있는 속담이 있다. "갑자기 집에 불이 나는 것은 안 무서워도, 내가 넘어지는 것은 무섭다"라는 속담이다. 갑자기 불이 나 집이 불타 없어지는 것은 두렵지 않지만, 길에서 넘어져 옷이 더러워지면 남에게 체면을 구기게 되고 그러면 다른 사람을 볼 낯이 없어지기 때문이다. 중국인은 남에게 보이는 겉옷(외면)이 더러워지는 것은 두려워하지만, 남에게 보이지 않는 속옷(내면)은 아무리 더러워도 신경 쓰지 않는다.

어떤 얼굴을 보여줄 것인가

중국어로 가면을 '미앤쥐(面具)'라고 한다. '미앤(面)'은 '면전에서', '얼굴을 맞대고'라는 의미이고 '쥐(具)'는 기구, 용구, 도구라는 의미다. 그러니까 중국어로 가면은 '다른 사람 앞에서 (다양한) 얼굴을 보여주는 도구'라는 의미다.

일종의 가면극이라고 할 수 있는 중국 변검(變臉) 공연은 이제 한국에서도 제법 유명한 것 같다. 변검은 중국 전통극으로 변검술사가 얼굴에 쓴 가면을 순식간에 바꾸며 하는 공연이다. 마치 마술처럼 작은 동작만으로 극히 짧은 시간에 얼굴에 손을 대지 않고 가면을 바꾸기 때문에 직접 보면 누구나 탄성을 자아낸다. 변검에서 '변(變)'은 변화한다는 의미고 '검(臉)'은 얼굴이다. 글자 그대로 얼굴을 (순식간에) 변화시키는 것이다.

한국 전통 가면(탈)에서 가면은 신분이나 직업을 나타내는 경우가 많다. 양반, 선비, 할머니, 과부, 처녀, 주지 스님, 파계승, 백정 등등. 그러나 중국 변검에서 가면은 주로 색을 통해서 인물의 성품이나 성격을 나타낸다. 붉은색은 용기가 있고 덕이 있는 인물을, 검은색은 맹렬하고 거친 성품의 인물을, 푸른색은 잔인한 인물을, 흰색은 배신을 잘하는 인물을 표현한다. 그래서 중국인은 전통극에 등장하는 연기자 가면 색깔을 보고 그 인물의 성격을 알아차린다.

변검 공연을 보면 보통 처음 등장할 때 연기자는 검은색 가면을 쓰고 나타난다. 그렇다면 등장인물은 거칠고 다혈질이라는 뜻이다. 그런데 순식간에 붉은색 가면으로 바뀐다. 등장인물의 연기역시 덕이 있는 느긋한 성격의 사람으로 바뀐다. 그리고 계속 가면 색깔을 바꾸면서 이런저런 다양한 성격의 인물로 순식간에 변화한다. 변검술사가 선보이는 신기한 기술과 변화무쌍한 모습이 변검 공연의 묘미다.

사람이 상황에 따라 다양한 모습을 보여준다는 것. 그게 바로 중국인의 오랜 일상이며, 그것을 표현한 중국 전통극이 바로 변검인 셈이다.

결국 중국인이 생각하는 체면이란, 자신의 이미지를 얼마나 적절하게 (밖으로) 표현하는가의 문제다. 상대방의 이야기를 듣고, 표정을 살피고, 의도가 무엇인지 면밀하게 따져본 다음, 그 상황에 가장 알맞은 가면을 쓰는 것이다. 중국인은 상대방이 지금 체면 때문에 가면을 쓰고 이렇게 저렇게 말한다는 것을 서로서로 잘 알아차린다. 그리고 이렇게 하는 것이 서로에게 체면이 선다고 생각하기 때문에 누구도 각자 실제와 다르게 이야기한다고 뭐라 하지 않는다.

연극 본능

2016년, 중국 정부는 효도를 중시하는 정책을 펴기 시작했다. 중국은 1980년부터 한 자녀 정책을 실행했기 때문에 35년이 지나자 젊은이 한 명이 아버지와 어머니 그리고 친조부모와 외조부모까지, 모두 여섯 명을 부양해야 하는 상황이 닥친 것이다.

텔레비전을 켜기만 하면 효를 강조하는 공익광고가 나오기 시작했다. 이렇게 정부가 효를 강조하자 사람들이 자신도 효자라는 것을 보여주기 시작한다. 텔레비전 대담 프로그램이나 예능 프로그램에 나오는 모든 출연자는 눈물을 흘리며 그동안 부모님에게 효도를 못했다고, 앞으로는 꼭 효도하겠다고 이야기한다. 그러면 방청객들도 따라서 눈물을 흘린다. 웃고 떠들며 즐거워해야 할 예능이 눈물바다가 되는 묘한 상황이 벌어진다. 하지만 한바탕 눈물 잔치를 벌이고 나면 또 언제 그랬냐는 듯이, 웃으면서 대화를 하고 몸을 흔들며 흥겹게 노래를 부른다.

1800년대 후반 중국에서 생활한 미국인 아서 스미스(Arthur Smith)는 『중국인의 특성(Chinese characteristics)』이라는 책에서 "중국인에게는 연극 본능이 있다."고 했다. 중국인은 마치 무대에서 연기하는 것처럼 현실 상황에서 가장 적절하다고 여겨지는 말과 행동을 한다는 것이다. 그리고 상황이 바뀌면 또 바뀐 현실 상황에 가장 적절하다고 여겨지는 말과 행동을 한다. 많은 사람이 A가 옳다고 하면 그렇게 여기고 그에 맞추어 행동하고, 상황이 바뀌어 많은 사람이 A가 틀리고 B가 옳다고 하면 또 그렇게 여기고 그에 맞춰 행동하는 것이다.

우리 입장에서 보면, 어제 다르고, 오늘 다르게 행동하는 중국인을 도무지 종잡을 수 없다. 그런데 중국인은 서로가 '아, 지금 상대방이 상황에 맞게 바꾸고 있구나.' 하고 알아차린다. 그래서 상대방이 어떻게 말하고 행동하더라도 저것은 밖으로 보여주기 위한 표현일 뿐, 속내는 아닐 수 있다는 사실을 간파한다.

중국인이 평범한 일상에서 체면이라는 단어를 얼마나 자주, 또 다양하게 사용하는지 보면 중국인을 어떻게 대해야 하는지, 특히 중국인과 비즈니스를 할 때 어떻게 판단해야 할지 힌트를 얻을 수 있을 것 같다.

먼저 자신이 한 말이나 행동을 후회할 때, 중국인은 "메이미앤즈(沒面子)."라고 말한다. 체면이 없다는 뜻이다. 자신이 한 말이나 행동이 창피하고 부끄러울 때는 "디우리앤(丟臉)."이라고 표현한다. 체면을 잃어버렸다는 뜻인데, 우리 표현으로 하면, 얼굴을 못 들겠다는 뉘앙스다. 상대방이 나를 곤란하게 할 때는 "부게이워리우미앤즈(不給我留面子)."라고 하는데, '왜 나에게 체면을 주지 않느냐'는 뜻이다. 상대방이 한 말이나 행동이 흡족하여 상대방에게 고마움을 표현할 때는 "니전게이미앤즈. 타이게이미앤즈(你真給面子. 太給面子)."라고 말한다. '너의 체면이 크다, 체면을 살려줘서 고맙다'는 의미다.

상대방에게 주위 사람의 일을 부탁할 때는 체면을 좀 달라는 의미로 "게이거미앤즈(給個面子)."라고 말한다. 누군가 나에게 도움을 요청했으나 내가 도와줄 능력이 안 돼서 다른 사람을 추천해 줄 때는 "타미앤즈따(他面子大)."라고 하는데, 그 사람의 체면이 크다는, 곧 능력(인맥)이 대단해서 충분히 도와줄 수 있을 거라는 의미다.

상대방이 체면이 없는 말이나 행동을 했을 때는 '너는 체면이 필요하다'는 뜻으로 "니부야오리앤(你不要臉)."이라고 말한다. 우리 뉘앙스로는 "이런 인간을 봤나."인데, 이런 말을 할 정도면 관계는 끝났다고 봐야 한다.

협상의 기술

중국인이 체면 때문에 말을 돌려서 표현할 때 자주 사용하는 표현 세 가지가 있다.

첫째, 하오(好). 중국인이 한국인과 상담하면서 가장 많이 사용하는 단어가 '하오'다. 흔히 '좋다'라고 번역하지만, 정확한 의미는 '그러든지 말든지'에 더 가깝다. 더 직설적으로 표현하면 "나와는 전혀 관계없으니 당신이 그렇게 말을 하든 말든, 그렇게 생각하든 말든, 그렇게 행동하든 말든 내 알 바 아니다."라고 말하는 것이다. 몇 번 만나 서로 얼굴을 익히면 '하오'보다 조금 관심을 표현하는 '씽(行)'이라는 단어를 사용한다. '씽'은 '하오'보다 좀 더 긍정적인 의미가 녹아 있다.

둘째, 메이원티(沒問題). 같이 몇 번 협상을 진행했지만, 여전히 서로의 의도를 정확히 파악하지 못했을 경우에 나오는 말이다. 예를 들어, 어떤 사항을 결정하고 이렇게 하면 어떻겠느냐고 중국 측의 의견을 물어보았다고 가정하자. 아마 십중팔구 "메이원티"라고 대답할 것이다. 한국어로는 '문제없다'로 번역되지만, 중국인의 '메이원티'는 '아마도 잘될 것이다' 정도의 뉘앙스다. 직설적으로 표현하면 "나에게는 아무 이해관계가 없는 일이니 나한테는 문제가 없다. 나는 그 일이 잘될지 안 될지 알 수 없으니, 당신이 좋은 대로 하라."라고 말하는 것이다. 자신에게는 아무 관계가 없다고 말하기는 너무 야박하니 "나한테는 아무 문제가 없다."라며 듣기 좋게 표현하는 것이다. 마음속으로는 상대의 생각과 행동이 틀렸다고 느껴져도 자신과 이해관계가 없는 이상 굳이 관심을 가질 이유가 없다고 판단한 것이다.

셋째, 메이셜(沒事). 질문에 성의를 가지고 긍정적으로 답변할 때 나오는 말이다. "나와 이해관계가 걸리는 문제이기는 하지만 내가 충분히 받아들일 수 있다. 그러니 당신이 그렇게 해도 된다."라고 말하는 것이다. 하지만 여기서 당신이 그렇게 해도 된다는 의미는, 당신이 당신 생각대로 일을 진행하면서 혹시 나에게 생길 수 있는 손해 부분을 내가 받아들일 수 있다는 의미지, 당신이 생각하는 일이 잘될 것이라는 의미는 아니다.

그래도 이 세 가지는 협상이 잘 진행되는 상황에서 나오는 표현이니, 점차 잘 풀리는 방향으로 가고 있음을 나타내는 긍정적인 신호라고 할 수 있다. 반면 협상이 난항을 겪거나 중국인이 완곡하게 거절하는 표현도 세 가지 소개한다.

바로, "엔지우이시아(研究一下)", "카오뤼카오뤼(考慮考慮)", "칸칸바(看看吧)"이다. 앞에서부터 차례대로, '연구해 보자', '고려해 보겠다', '두고 보자'라는 의미인데, 이 세 가지 표현 모두 완곡한 거절의 의미로 해석해야 한다. 중국인과 협상을 진행하면서 이 세 가지 단어를 사용한다면 부정적인 의미로 받아들여야 한다. 그렇다고 이 표현들이 절대 안 된다는 뜻은 아니다. 지금은 그 일을 진행하기 어렵지만 때가 되면, 언젠가는 다시 할 수도 있다는 의미도 가지고 있다.

중국인이 어떤 일을 진행하다가 더 이상 그 일을 진행할 수 없을 때 "메이반파(沒辦法)."라고 말한다. '방법이 없다'는 뜻이지만, 이 경우에도 역시 100% 그 일을 진행할 수 없다는 의미는 아니다.

중국인이 "방법이 없다"라고 말하면, 한국인은 그 일의 추진이 어렵다고 생각한다. 하지만 중국인은 지금은 적당한 때가 아니니 잠시멈추지만, 언젠가는 다시 진행할 수 있다고 생각한다. 비록 그 때가 내일일지, 다음달일지, 내년일지, 십 년 후일지는 알 수 없지만 말이다.

중국인은 체면을 중요시하기 때문에, 협상 분위기를 나쁘게 할 수 있는 직접적인 단어를 사용하지는 않는다. 이처럼, 중국인의 체면 문화를 모르고 협상을 진행하면, 그리고 중간에서 통역하는 사람이 중국인의 체면치레 단어를 적확하게 통역해 주지 않는 경우, 좋은 결과를 얻기가 어렵다.

4장 운명과 명운

황하 물도 맑아질 때가 있는데(黃河尙有澄淸日)
어찌 기회가 오지 않으랴(豈能人無得運時)

'자연스럽다'는 표현이 있다. 한국어 사전에서 자연이란 저절로 이루어지는 모든 존재나 상태라고 한다. 반면 중국어 사전에서 자연(自然)이란 타연(他然, 非自然)의 반대말로 그 자체에 내재하는 작용에 의해 그렇게 되는 것이다. 즉 사람의 힘으로는 어쩔 수 없다는 의미가 강하다. 그래서 사람은 모든 상황이 자연스럽게 변화하기만을 기다릴 뿐이라고 한다.

『주역(周易)』에도 중국인들의 운명론적 사상이 잘 나타나 있다. 세상은 과정의 연속에 불과하다고 한다. 세상은 과정을 거치며 계속 변화하는데 사람은 이런 변화에 더불어 순응하며 흘러갈 뿐이라고 한다. 그래서 중국인은 현재의 상태가 만족스럽지 못하더라도 기다리는 데 익숙하다. 나는 한국인이 중국인과 협상할 때 곤란함을 겪는 이유가 중국인의 운명론적 사고에 있다고 본다.

중국인의 운명론

중국에서 두 번째로 긴 황하는 지금까지 일곱 번이나 물길을 바꾸었다. 홍수로 범람하여 물길이 바뀔 때마다 황하는 수백 킬로미터 떨어진 곳으로 이동하거나 심지어 물줄기 방향을 반대로 바꾸기도 한다. 황하는 이름 그대로 황토가 섞여서 색깔이 누렇다. 하지만 중국인은 이렇게 누런 황하 물도 언젠가는 맑아질 수 있기에 참고 기다리면 기회가 온다고 믿는다.

한국인도 잘 아는 『수호지(水湖志)』의 무대는 '양산박'이다. 약 천 년 전 송나라 시대 양산 지역으로 황하가 흘렀는데, 이때 황하물이 범람하여 만들어진 호수가 바로 양산박이다. 당시 양산박은 사방 둘레가 약 800리(400km. 중국에서 10리는 5km)나 되는 엄청나게 큰 호수였다. 그래서 『수호지』에 나오는 협객 108명이 호수 지형을 이용해 이곳에 많은 산채를 짓고 송나라 관군에 대항할 수 있었다.

하지만 그로부터 200년 후 황하 물이 또 범람하여 양산 지역으로 흐르던 물길이 바뀌자, 양산박 호수도 작아지기 시작한다. 지금은 배를 타지 않고 걸어서 양산박에 갈 수 있다. 그래서 중국에는 "황하가 30년은 동쪽으로 다시 30년은 서쪽으로 흐른다(三十年 河東 三十年河西)"는 격언이 있다. 오랜 세월 중국에서 황하가 대륙을 옮겨 다니며 흘렀다는 의미다. 중국인은 현재 살고 있는 자신의 처지에 만족하지 못하더라도 황하 물길처럼 자신의 운명도 언젠가는 변할 것으로 생각하며 기다린다.

한국인이 생각하는 운명과 중국인이 생각하는 운명은 다르다.

한국인은 운명이란 인간을 포함한 모든 것을 지배하는 초인간적인 힘, 또는 그것에 의해서 이미 정해져 있는 것이라고 이해한다. 운명(運命)에서 '운(運)'은 변한다는 의미고 '명(命)'은 확정되었다는 의미다. 세상의 운이 돌고 돌아 어느 순간 정해지는데 이것이 바로 운명이다. 그래서 한국사람들은 운명은 이미 정해져 있어 바꿀 수 없는 것으로 받아들인다.

중국에서는 운명이라는 단어를 쓰지 않고 '명운(命運)'이라는 단어를 사용한다. 한국 운명 단어와 비교해 글자 순서가 뒤바뀐 것이다. 글자 순서만 바뀌었을 뿐인데 의미가 완전히 달라진다.

명운에서 '명(命)'은 정해져 있고, '운(運)'은 변한다는 뜻이다. 그러니까 세상일이 정해져 있기는 하지만, 언젠가는 변한다는 의미다. 세상 사람 개개인이 지금 겪는 현실은 정해져 있지만, 그 현실은 영원한 것이 아니라 미래 언젠가는 바뀔 수 있다는 것이다. 중국 사전에서는 명운을 '세상 사물은 모두 정해진 요소와 변하는 요소로 구성되었는데, 두 부분이 서로 작용하여 우주 만물이 항상 변화한다.'라고 정의한다.

한국인은 어떤 일이 잘 안 되었을 때, 운명(運命)이라는 단어 순서에 따라 이 일의 운이 이미 나에게 맞지 않는 것이 확정(命)되었으니, 다시 처음으로 돌아가서 운에서부터 다시 새로운 것을 시작하는 경향이 있다. 그래서 한국인은 빠르게 변화하는 사회에 잘 적응한다. 반면에 중국인은 어떤 일이 잘 안 되었을 때, 명운이라는 단어 순서에 따라 이 일이 지금은 잘 안 되는 것으로 확정(命)되었지만, 시간이 지나면 변해서(運) 다시 잘될 수 있다며 느긋하게 기다린다. 때문에 중국인은 어려운 일을 당해도 삶을 낙천적으로 바라보며, 실패를 해도 긍정적으로 생각하는데 익숙한 사고방식과 생활 태도를 가지고 있다.

잘될 일은 가만히 있어도 잘된다(命裡有時終須有)
그러니 억지로 하려고 하지 마라(命裏無時莫强求)

공자는 "오십 지천명(五十知天命)"이라고 했다. 한국 사전에서는 이 말을 "사람이 나이가 오십이 되면 우주만물을 지배하는 하늘의 명령이나 원리를 안다."라고 풀이한다. 중국 사전에서는 이 말을 사람이 나이가 오십이 된 후에야 내가 아무리 열심히 해도 원하는 결과를 얻을 수 없는 일이 있다는 사실을 알게 된다."라고 해석한다. 그래서 중국인은 최선을 다해 노력했는데도 원하는 결과를 얻지 못하면 방법이 없다는 뜻의 "메이반파"라고 말하며 쉽게 수긍하고 다음 기회를 기다린다.

협상에 필요한 시간

비즈니스로 중국인을 만나 상담하는 한국인은 거의 대부분 중국인의 만만디 성격에 속을 태운다. 특히 출장 기간을 정해서 중국을 방문했을 경우 귀국 일자가 임박해지면 더더욱 마음이 급해진다. 중국에서 중국인을 만나 협상을 할 경우 중국 측은 대부분의 시간을 주제와 관련 없는 이야기로 보낸다. 또 식사 자리가 장시간인 경우가 많아서 실제로 사무실에서 협의하는 시간은 얼마 되지도 않는다.

중국에서 장기간 생활하는 주재원도 마찬가지다. 주재원이 한국 본사에 상담에 진전이 있다는 결과를 보여주지 않으면 안 되는 경우, 또 무슨 일이 있어도 계약을 마무리 짓지 않으면 안 된다고 심리적 압박을 받는 경우, 더 조급해진다. 그래서 한국인과 상담 경험이 있는 중국인은 이런 한국인의 모습을 보고 한국인의 성격을 "지위치우청(急於求成)"이라고 말하는데, 이 말은 매사에 급하게 결과물을 얻으려고 하는 것을 표현하는 사자성어이다. 중국인이 상담할 때 이렇게 시간을 오래 끄는 것은 협상의 한 방법이기도 하지만, 중국에서는 일반화된 협상 과정이다.

그래서 중국에 진출한 서구 기업은 중국 법인장의 주재 기간을 3년에서 5년으로 늘렸다. 중국 법인장이 시간에 쫓겨 비즈니스 성과를 내려다가 무리하게 일을 추진하고 그 결과 기업에 손실이 발생하는 경우를 여러 번 겪었기 때문이다. 또 서구 기업은 중국에 법인장을 파견할 때, 중국을 모르는 사람을 보내기보다는 중국 현지 법인에 근무하는 직원을 승진 발령 내는 편을 선호한다. 서구 기업들은 이미 중국 비즈니스에는 많은 시간이 필요하다는 것을 알고 그에 맞게 대처하고 있는 것이다.

한국인의 급한 성격과 중국인의 느긋한 성격을 알 수 있는 속담이 있다. 한국에는 "시작이 반이다"라는 속담이 있다. 무슨 일이든 시작하기가 어렵지 일단 시작하면 이미 그 일을 반 정도는 한 것과 같다는 의미다. 반면 중국에는 '90%에 이르면 이제 50%를 한 것이다'라는 의미의, '씽바이리저반지우스(行百里者半九十)'라는 속담이 있다. 100리 길을 목표로 길을 가는 사람은 90리에 도착하면 이제 반 정도 왔구나 생각하라는 것이다. 그만큼 중국인은 어떤 일을 결정할 때 시간이 오래 걸린다.

앞으로 중국 경제가 더 발전하고, 중국 사회 환경이 변하면, 중국인 성격도 한국인처럼 빨라질까? 그렇지는 않을 것 같다. 한국에서는 일을 너무 천천히 처리하면 무능한 사람이라고 하지만, 반대로 중국에서는 일을 너무 빨리 처리할 경우 무능하다고 하기 때문이다.

중국인이 상대방을 파악하려 할 때도 만만디가 작용한다. 그래서 짧게는 몇 달, 길게는 몇 년 동안 같이 밥을 먹으면서, 서로 비즈니스를 할 가치가 있는 사람인지 그래서 같이 어떤 일을 진행해도 되는지를 파악하는 것이다. 또 혼자서 상대방을 판단하는 것이 미덥지 못하기에, 주변 사람과 같이 밥 먹는 자리를 만들어 상대방이 어떤 사람인지 알아본다. 그래서 중국인과 상담하다 보면, 매번 식사 자리에 나타나는 사람이 다른 경우가 많다.

그런데 중국인의 이런 행동은 상대방을 정확히 알기 위해 치밀하게 계획해서 그렇게 하는 것이 아니라, 오랜 세월 동안 중국인의 생활 속에 배어 있는 관습과 같은 것이다.

앞서도 언급했지만 한국인은 목표 지향적인 경향이 있다. 한국인은 목표를 달성하기 위해, 그 목표를 이루기 위한 과정이 필요하다. 예를 들어 한국인은 "밥을 먹으러 식당에 간다"라고 하지, "식당에 가서 밥을 먹는다"라고는 하지 않는다. 즉 '밥을 먹는 행위'라는 목표를 이루기 위해 '식당에 가는 행위' 과정이 필요하다는 것이다.

반대로 중국인은 과정을 거치고 나면 자신이 원하는 목표가 저절로 이루어진다고 생각하는 경향이 있다. 중국인은 "식당에 가서 밥을 먹는다(去餐廳吃飯)"라고 하지 "밥을 먹으러 식당에 간다"는 말을 사용하지 않는다. 즉 '식당에 가는 행위'라는 과정을 거치면, 당연히 밥을 먹는 목표를 이룰 수 있다는 것이다. 어순에서도 사고방식의 차이가 드러나는 것이다.

다른 예를 보자. 한국인은 "차를 빨리 몰아라"라고 하고 중국인은 같은 의미로 "차 엑셀을 작동시켜 차를 빨리 가게 하라(車開快了)"라고 한다. 그러니까 한국인은 차를 빨리 움직이게 하는 목표를 이루기 위해 자동차 엑셀을 밟는 과정이 필요하다고 표현하고, 중국인은 자동차 엑셀을 밟는 과정을 거치면 차가 저절로 빨리 가게 되는 목표가 이루어진다고 표현한다.

중국인은 '연변(演變)'이라는 단어를 자주 사용한다. 한국 한자사전에 있긴 하지만 한국인은 잘 사용하지 않는 단어다. 연변에서 '연(演)'은 '발전하다, 진화하다'라는 뜻이고 '변(變)'은 '바뀐다. 변화하다'라는 뜻이다. 세상 모든 일은 발전하고 진화하면 자연스럽게 변화한다는 의미다. 반대로 한국인은 발전하기 위해서는 내가 변해야 한다고 생각한다. 즉 중국인은 과정을 거치면 목표가 이루어진다고 생각하고, 한국인은 목표를 이루기 위해 과정이 필요하다고 생각한다. 그래서 중국인은 목표를 달성하기 위한 과정에 긴 시간을 할애하는 데 반해, 한국인은 목표는 이미 정해져 있기에 과정에 필요한 시간은 단축하는 것이 좋다고 생각한다.

만만디의 3요소

결론적으로 중국인의 만만디는 세 가지로 나누어 생각할 수 있다. 첫 번째는 일상적인 행동, 두 번째는 의사 결정 시간, 그리고 세 번째는 의사 결정 후 그 일의 진행 과정에 필요한 기간이다.

첫째, 개인의 일상적인 행동은 한국이나 중국이나 자신에게 주어진 환경에 대응하는 것이 별 차이가 없다. 둘째, 의사 결정에 필요한 판단의 기준이 한국과는 조금 다르다. 한국인은 그 일의 효율과 결과가 의사결정의 주요 기준이라면, 중국인은 그 일을 같이할 상대방의 신뢰도를 파악하는 것이 우선이다. 그래서 그 일의 효율과 결과를 예측하는 시간에 더해서, 상대방이 신뢰할 만한가를 파악할 시간이 필요하다. 그런데 그 시간이 길다. 셋째, 의사 결정 후 그 일의 진행 과정에 필요한 기간이다. 한국은 결정된 사항을 어지간해서는 변경하려고 하지 않지만 중국은 결정된 사항이라도 상황에 따라 변경할 수 있다고 생각하기에 진행에 필요한 기간이 당연히 더 길어진다.

한국의 여러 도시는 중국 도시와 자매결연을 맺고 정기적으로 교류한다. 양측에 필요한 일이 생기면 관련 업무를 담당하는 공무원이 상대방 국가를 방문하여 관련 업무 공무원을 만나 협의한다. 중국 정부 조직에서 일하는 중국 공무원은 한국에서는 왜 업무 담당자가 수시로 바뀌는지 이해할 수 없다고 한다. 한국 담당자와 만나 얼굴을 익히고 서로 상대 국가의 업무 내용과 업무 진행 절차를 익히고 나서 본격적으로 일을 시작하려고 하면 한국 담당 공무원이 바뀐다는 것이다.

중국 기업에서 일하는 중국 직원들도 같은 이야기를 한다. 한국 담당 파트너와 친해지고 한국 파트너가 중국 상황과 중국 회사의 입장을 알 만하면, 한국 담당 직원이 바뀐다고 한다. 그러면 새로 바뀐 한국 직원이 처음부터 다시 똑같은 과정을 반복한다며 한국 회사는 왜 그러는지 모르겠다고 한다.

한국에서는 국가 기관 공무원이나 기업체 직원이나 대부분 순환 보직제라는 제도에 따라 3년마다 담당 업무를 바꾼다. 이런 제도는 새로운 담당 업무를 맡아 다시 한번 의욕적으로 일해 보겠다는 계기가 되기도 하지만, 업무 전문성이 떨어지는 문제점도 있다.

『증광현문』에는 "바다에서는 배를 오랫동안 몰아본 늙은이의 말을 따라야 하는데, 그렇지 않으면 거친 풍랑을 헤쳐나가지 못한다(不因漁夫引 怎能見波濤)"는 글귀가 있다. 또 "어떤 일이든 좋은 결과를 얻자면, 반드시 일을 시작하기 전에 그 일을 오랫동안 담당한 전문가 세 명에게 물어본 후 일을 시작해야 한다(凡事要好 須問三老)"는 글귀도 있다. 그래서 중국에서는 국가 정부 기관이나 기업체 직원은 처음 입사할 때 담당한 업무를 퇴사할 때까지 계속하는 것이 원칙이다.

융통성과 영활성

한국에서는 그때그때의 사정과 형편을 보아 일을 처리하는 것을 융통성이라고 한다. 중국에서 융통성이란 단어는 금전, 물품 따위를 돌려서 쓰는 경제 행위라는 의미로만 사용한다. 중국에서 한국의 융통성과 같은 의미를 가진 단어는 '영활성(靈活性)'이다. 글자

의미대로 해석하면 영혼이 자유로운 성격을 가졌다는 뜻이다.

하지만 중국사람이 사용하는 영활성의 의미는 한국사람이 사용하는 융통성과 전혀 다르다. "법이 정한 범위 안에서 융통성을 가진다"는 말처럼, 한국에서 융통성이란 어떤 일을 형편에 따라 적절하게 처리하기는 하지만, 그 방법이 그 일의 원래 목적이나 원칙을 벗어나면 안 된다.

중국 사전에서 영활성은 원칙성과 상호 보완되는 개념으로, 원칙성이 문제를 해결하는 규칙이라면, 영활성은 문제를 해결하는 방법이라고 한다. 그러면서 영활성과 원칙성은 정반합의 관계로 처음에는 원칙성의 기초에서 영활성 있게 일을 처리하지만, 영활성이 발전하면 또 다른 원칙이 만들어진다고 한다. 그러니까 세상에는 영원불변의 원칙이란 없고, 그래서 현재의 원칙도 완벽하다는 보장이 없으니, 영활성을 발휘하여 원칙을 계속 고쳐 나가야 한다는 의미다.

이런 생각을 가진 중국사람에게는 한 공간에 공자와 석가모니와 노자를 같이 모시고, 필요에 따라 그때그때 융통성 있게 사용하는 것이 어색하거나 불합리한 일이 아니다. 이 책에서 이야기하는 『증광현문』 그 자체만 봐도 그렇다. 『증광현문』은 판본에 따라 실려 있는 글귀의 수가 다르기는 하지만, 보통 초등학생용 판본에는 약 380개의 글귀가 실려 있는데, 그중 많은 글귀가 서로 모순되는 내용이다. 같은 상황인데도 어떤 글귀에서는 이렇게 행동하라고 하고, 다른 글귀에서는 저렇게 행동하라고 한다. 우리가 처음 읽어 보면 이렇게 원칙이나 일관성 없는 내용으로 도대체 어떻게 하라는 것인지 종잡을 수 없을 것이다. 그러나 중국인에게는 아무 문제가 없다. 모순된 글귀가 있다는 것 그 자체가 하나의 메시지다.

변화, 협상의 원칙

중국인은 언제나 어떤 경우에나 적용할 수 있는 원칙이 세상에 있다고 생각하지 않는다. 상황에 따라 언제든 다른 원칙을 적용해야 한다고 배운다. 협상 시작 단계에서 중국 측이 몇 가지 원칙을 제시하고, 이 원칙에 대해서는 어떤 협의에도 응할 수 없다고 주장하기도 한다. 예를 들어 거래 조건으로 납품 기간을 언제까지로 정하거나, 품질 보증 기간을 확정하는 일 등에 대해서 그 어떤 협의도 불가하다는 원칙을 내세우는 것이다.

중국인을 잘 모르는 외국인은 중국 측이 이런 요구를 하면, 그런 사항은 어떤 일이 있어도 바꿀 수 없는 사정이 있어서 그렇게 주장한다고 생각할 수 있다. 하지만 이런 요구는 협의 과정에서 우위를 점하려는 방법 중 하나일 뿐이다. 중국인에게 원칙은 상황에 따라 언제든지 바꿀 수 있는 거래 조건일 뿐이다.

계약서에 서로 사인하고 계약을 마무리한 경우도 마찬가지다. 중국에서 계약서를 체결하였다 하여도 계약 내용이 그 안에 있는 문자 그대로 변경되는 일 없이 성실하게 이행된다는 것을 보증하는 것은 아니다. 심지어 계약을 체결한 후에도 협상은 계속된다. 한국에서 계약은 확정된 것으로, 변경할 수 없는 최종 합의로 간주한다. 그러나 중국에서 계약서는 최종 합의가 아니라 관계를 지속해 가는 데 있어서 발판 정도에 불과할 뿐이다. 계약은 최소한의 합의사항을 개략적으로 정한 것으로, 상황 변화에 따라 조항이 추가되거나 수정될 수 있는 것이라고 중국인은 생각하고 있다. 계약서에 있는 어떤 조항도 상황이 변하면 협의하여 바꿀 수 있다는 것이다. 그래서 이런 사실을 이미 경험한 서구인들은 계약 체결 후 상황 변화에 대처할 수 있는 계약 이후의 협상 전략을 준비한다. 반면 그렇지 못한 사람은 계약서 내용대로 일이 잘 진행되지 않으면 몹시 당황하거나 분개하게 된다.

한국어 사전에서 계약은 관련되는 사람이나 조직체 사이에서 서로 지켜야 할 의무에 대한 약속이다. 또 법률적으로는 일정한 법률 효과의 발생을 목적으로 두 사람의 의사를 표시하는 것이라고 한다. 그러니까 한국에서는 관련되는 사람들이 어떤 사항에 대해서 서로 이행할 것을 약속하는 법적 효과를 발생시키는 행위를 '계약'이라고 한다.

중국어에서 '계약(契約)'이란 관련되는 사람들이 협의하여 어떤 사항을 정하고 그 사항을 이행할 것을 서로 '신뢰'하는 일이라고 한다. 중국에서 계약이란 용어에는 법적 효과를 발생시키는 의사 표시가 포함되지 않는다. 그래서 중국인은 서로 이해관계가 걸려 있는 사항을 처리할 때, 계약이란 단어를 사용하지 않고 '허통(合同)'이란 용어를 사용한다.

'허통'의 한자를 우리 식대로 읽으면 '합동'인데, 한국 사전에서는 합동이란 단어를 둘 이상의 조직이나 개인이 모여 행동이나 일을 함께한다고 풀이한다. 하지만 중국 사전에서는 민사(民事)와 관련된 사항을 협의하여 확정, 변경, 종결한다는 의미로 사용한다.

한국의 계약과 중국의 허통은 비슷한 단어인 것 같지만, 잘 살펴보면 전혀 다른 의미를 가지고 있다.

한국인이 사용하는 계약은 이해관계자 간의 이행 의무 약속과 법률 효과 발생이라는 두 가지 의미를 포함한다. 하지만 중국인이 사용하는 허통은 민사상의 법률 효과를 발생시킨다는 의미만 있고, 서로 간의 약속이라는 의미는 없다. 그러니까 중국에서 허통이란 한국 계약과 다르게, 법률적인 효과는 있지만 서로 반드시 계약 내용대로 이행해야 한다는 약속이 아니라는 사실이다. 그래서 중국인은 '허통수(한국의 계약서)'에 쓰여 있는 문구의 각 사항(계약 내용)을 확정된 것이 아니라 변경하면서 진행할 수 있는 것으로 생각한다.

한국인은 어떤 사업을 계약하면 이제 그 프로젝트는 마무리된 것으로 생각하지만, 중국인은 어떤 사업을 허통하면 그때부터 프로젝트를 시작한다고 생각한다.

『증광현문』에는 "사랑은 내리사랑이고, 구름 같은 세상일은 알 수 없다(人情似水分高下 世事如雲任卷舒)"는 글귀가 있다. 그러니까 자식을 향한 사랑이 부모를 향한 사랑보다 큰 것이 당연한 것처럼, 하늘에 있는 구름이 모였다 흩어지기를 반복하며 모양을 수시로 바꾼다는 의미다. 즉 세상 모든 일은 상황에 따라 변화하는 것이 당연하니 상황에 따라 대처해야 한다는 것이다.

또 "사람 마음이 종잇장처럼 얇아 쉽게 변하는 것처럼, 세상일도 상황에 따라 새로운 국면을 맞는다(人情似紙張張薄 世事如棋局局新)"라는 글귀도 있다. 사람 마음이 수시로 변하는 것처럼 세상일도 항상 새로운 국면으로 전환된다는 것이다. 즉 세상 모든 일이 시간이 지남에 따라 또 주변 상황이 바뀜에 따라 수시로 새로운 모습으로 변하기 마련이니 이런 변화를 당연하게 받아들이고 대처하라는 의미다. 이런 사고방식의 중국인들에게는 상황이 바뀌면 허통수(계약서) 내용을 상황에 맞게 다시 고치는 것이 당연하다.

5장   속지 않는 것

사람이 착하면 사람에게 속고(人善被人欺)

말이 온순하면 사람이 탄다(馬善被人騎)

『증광현문』에 나오는 구절인데, 사람이 성격이 온순한 말만 탈 수
있는 것처럼, 착하고 어진 사람은 반드시 다른 사람에게 사기를
당한다는 의미다. 즉 착하기만 해서는 세상을 살기 어려우니 다른
사람에게 착한 사람으로 보이지 말라는 말이고, 세상 모든 사람이
비정상적인 방법으로 착한 사람을 속여서 자기의 이익을 얻으려
고 하니, 사기를 당하는 착한 사람이 되지 말라는 것이다.

중국인은 하늘이 세상의 선악을 주관한다고 생각하지 않기에
자신이 현실 세상에서 어떤 행동을 하더라도 거리낄 것 없다고 생
각하는 경향이 팽배하다. 또한 자신이 주변에서 생기는 불의한 일
에 무관심하기 때문에 다른 사람도 직접적인 이해관계만 없다면
자신의 불의한 행동에 무관심하다고 생각한다. 그래서 주위 사람
모두가 자신을 속일 수 있다고 생각하고, 그러므로 자기도 주위
사람을 속이는 것이 당연하다고 생각하며, 이런 모습이 현실이라

고 여긴다. 작게는 공중도덕을 지키는 일에서부터, 직장에서, 사업장에서 중국인의 이런 현실주의적인 모습을 자주 발견할 수 있다.

중국인과 부대끼고 살면서 처음에는 이런 모습을 보고 너무 한다 싶었지만, 지금은 중국인이 살아가는 모습이 한국인보다 더 솔직하고 확실하다는 생각이 들기도 한다. 한국인은 중국인이 의뭉스러워 속을 알 수 없다고 하지만, 내가 겪은 중국인은 분명하게 생각하고 명확하게 행동해서 오히려 한국인보다 가식이 없다고 느껴지기도 한다.

속은 사람 잘못

중국에 있는 한국 회사에서 근무하는 젊은 한국인 직원 이야기다. 젊은 여성이라면 흔히 그렇듯 이 직원도 미용에 관심이 많았다. 사무실 부근에 있는 조그만 뷰티 숍에서, 석 달 동안 얼굴 관리를 받기로 하고 대신 화장품을 구매하는 조건으로 1주일에 한 번씩 뷰티 숍에 다녔다. 그런데 한 달쯤 지나 관리를 받으러 갔더니 가게는 흔적도 없이 사라졌고, 뷰티 숍 사장은 연락조차 되지 않았다. 이런 일이야 사람 사는 세상 어디에서나 일어나는 흔한 사기 사건일 것이다. 그래서 이 여성은 위로받고 싶은 마음에 사귀던 중국인 남자친구에게 이 일을 이야기했다.

그런데 남자친구가 위로는커녕 "너는 한국에서 가정교육을 어떻게 받았기에 이런 일을 당하느냐."라며 버럭 화를 내더라는 것이다. 직원은 그러지 않아도 뷰티 숍 사장에게 속아 기분이 안 좋은데, 남자친구가 속은 자신을 탓하며 부모님과 가정교육까지 들먹

이니 어이가 없어 헤어졌다.

중국 남자친구는 왜 한국 여자친구에게 "뷰티 숍 사장이 나쁜 게 아니라 속은 네가 현명하지 못한 탓"이라고 말했을까? 한국인은 이해할 수 없겠지만 중국 남자친구 입장에서는 이렇게 말한 분명한 이유가 있다. 그런데 혹시 중국인이 특별히 한국인만 속이는 것은 아닐까? 결론부터 말하면 중국인은 중국인끼리도 잘 속인다. 특별히 한국인만 속이는 것은 아니다.

한국 부모가 자식을 키우면서 자주 하는 말은 "바르게 살아라", "남의 눈에 눈물 나게 하면, 네 눈에 피눈물 난다"처럼 대체로 타인의 입장도 고려하며 살아야 한다는 것이다. 또 좋지 않은 일을 하려고 하면 "벌을 받는다"며 언젠가는 그에 상응하는 대가를 치르게 된다고 말한다.

그래서 한국에서는 남을 배려하지 않는 사람에게 "가정교육이 잘못됐다"고 말한다. 이런 영향으로 한국인은 사회생활을 하면서 자신의 이익 때문에 남을 배려하지 못하는 상황이 생기면 어쩔 수 없이 자신의 이익을 위해 행동하면서도, 마음 한구석에 '이게 아닌데…' 하는 찜찜한 기분을 느낀다.

중국의 부모들은 아기가 말을 알아들을 때쯤 제일 먼저 "속지 말라"는 말을 해준다. 더불어 속지 않는 방법에 대해서도 세세하게 이야기해 준다. 날마다 이런 말을 들으며 자란 중국인은 어렸을 때부터 자연스럽게 세상 사람 누구도 절대로 믿어서는 안 되며 다른 사람이 나를 속이는 게 당연하다는 생각을 하게 된다. 그래서 중국인은 속지 않기 위해 아무리 조그만 일이라도 거듭 심사

숙고해서 결정한다. 어떤 일이든 결정을 내려야 할 때는 긴 시간이 걸린다. 그리고 그렇게 신중하게 결정하였는데도 결국 남에게 속는 일이 있다. 그런데 그럴 때 대처하는 중국인의 방식은 한국인과 전혀 다르다.

한국인은 먼저 자신을 속인 상대방을 실컷 욕한 다음, 속은 자신의 처지를 후회한다. 하지만 중국인은 다른 사람이 나를 속이는 게 당연하기 때문에 자신을 속인 상대방을 탓하지 않는다. 그 대신 부모님이 귀에 딱지가 앉도록 가르쳤는데도 속은 자신이 못났다며 자신을 탓한다. 그러니 앞의 이야기에서 중국인 남자친구는 뷰티 숍 사장이 손님을 속이는 것은 당연한데, 왜 그것을 미리 알아채지 못했냐고 지적한 것이다.

중국 친구와 택시를 타다 겪은 일이다. 목적지가 한 시간 이상 걸리는 먼 거리여서 택시를 타기 전에 미리 요금을 흥정해야 했다. 사실 나는 전에도 몇 번 가본 적이 있어서 대충 요금이 얼마나 나올지 이미 짐작하고 있었다. 그런데 기사는 내가 외국인이라는 걸 눈치챘는지 터무니없이 비싼 바가지 요금을 말하는 게 아닌가. 나는 당연히 화를 냈고, 급기야 기사와 말다툼이 벌어졌다. 그러자 옆에서 지켜보던 중국 친구가 나를 말리더니 조용히 기사와 가격을 흥정했다. 당연히 우리는 흥정한 가격으로 그 택시를 이용했다. 하지만 나는 기분이 언짢았다. 이러면 저 기사는 나중에 다른 손님에게도 또 바가지를 씌울 게 뻔했기 때문이었다. 내가 화를 풀지 않자 중국 친구는 그럴 필요 없다며 중국인 입장에서 설명을 시작했다. 중국인이 장사를 할 때는 일단 남을 속이는 것이 당연하다. 왜냐하면 가장 큰 이익을 보기 위해서다. 저 기사는 누가 뭐라 해도 계속 바가지 요금을 제시할 것이니 쓸데없이 화낼 필요가 없다고 덧붙였다.

나는 중국인의 사고방식을 도무지 이해하지 못하겠다고 했다. 그러자 중국 친구는 다시 한번 차근차근 말을 이어갔다. 장사를 하는 사람은 이익을 얻기 위해 나를(상대방을) 속이는 게 당연하기 때문에, 손님인 우리는 그가 우리를 속이려고 한다는 사실에 결코 화낼 필요가 없다는 말이었다. 오히려 상대방이 자신을 속이려고 했지만, 미리 알아채고 속지 않으면 스스로에게 뿌듯함과 일종의 만족감을 느끼기까지 한다고 했다. 알 듯 말 듯 어이가 없기도 하면서 한편으로는 중국인의 관점에 대해 한 번 더 실감하게 되는 순간이었다.

중국인에게 속은 적이 있다면, 그리고 미래의 어느 때에 혹시 속았다는 생각이 든다면, 무작정 중국인을 탓하지 말고, 남에게 속지 말라고 한 중국 부모님들의 가르침을 떠올려 보기 바란다. 이것은 옳고 그름의 문제가 아니다. 중국인이 세상을 살아가는 당연한 이치일 뿐이다.

일추정음

중국 중앙텔레비전방송국(CCTV)에서 주말에 '이추이띵인(一槌定音)'이라는 골동품 감정 프로그램을 방송한다. '일추정음(一槌定音)'이란 중국 고사성어로 어떤 일에 대한 사람들의 의견이 분분하면, 그 분야에 권위가 있는 전문가가 한번에 결론을 낸다는 의미다.

한국에는 골동품 감정 프로그램 'TV쇼 진품명품'이 있다. 한국 프로그램 진행 형식을 살펴보면, 골동품 한 점을 소개하고 패널이 먼저 그 골동품 가격을 추측한 후, 전문가의 감정가격과 비교해 보는 방식이다.

중국 골동품 감정 프로그램 진행 형식은 한국과 다르다. 중국 프로그램에서는 골동품 두 점을 소개한 후, 패널이 어느 골동품이 진짜인지를 알아맞히는 방식이다. 그러니까 일부러 진짜와 가짜 골동품을 보여준 후, 진짜와 가짜를 어떻게 구별하는지를 자세히 설명해 준다. 프로그램 진행 형식에서 중국에 얼마나 가짜 골동품이 많은지 짐작할 수 있다.

그런데 더 재미있는 건, 프로그램 출연자 모두 두 골동품 중 어느 것이 "진짜다" 혹은 "가짜다"라고 말하지 않고, '진짜'는 '묘사가 적합한 것(描述正合適的)'으로, '가짜'는 '묘사가 부적합한 것(描述不合適的)'으로 표현한다는 사실이다.

『증광현문』에는 "황금은 가짜가 없지만, 진귀한 물건은 진짜가 없다(黃金無假 阿魏無真)"라는 글귀가 있다. 세상에서 진귀한 물건(골동품)은 진짜를 찾기 힘들다는 이야기다. 하지만 중국에서는 가짜 제품도 진짜 제품처럼 하나의 제품으로 대접받는다. 그래서 중국 골동품 감정 프로그램에서도 가짜 골동품을 가짜라고 표현하지 않고, 묘사가 부적합한 것이라고 표현한다.

한나라 제7대 황제인 한무제는 유학을 국가 지배 사상으로 삼았다. 한나라가 멸망한 후, 당나라는 한나라가 유학을 유일한 국가 지배 사상으로 내세워서 망했다고 판단하고 사상을 개방했다. 그래서 당나라 시대에는 유학, 불교, 도교, 기독교까지 번성했다. 하지만 당나라가 멸망한 후 들어선 송나라는 거꾸로 당나라가 사상 개방 때문에 망했다고 판단해 유학을 중시하면서 기원전 은나라와 주나라의 예법과 음악, 즉 예악(禮樂)을 복구했다.

그래서 송나라는 황실 제사에 필요한 그릇과 악기를 2천 5백년 전 은나라와 주나라 시대의 청동 유물로 사용했다. 처음에는 수천 년 전의 유물이 남아 있어 그것으로 제사를 지냈지만, 황실 제사 규모가 커지고 민간에서도 덩달아 유물로 제사를 지내기 시작하자 유물이 부족해지는 사태가 일어난다. 수요가 생기면 당연히 공급이 따르는 법. 이 틈에 한몫 잡으려는 사람들이 청동 유물을 얻기 위해 은나라, 주나라, 춘추시대 무덤을 파헤쳐 유물을 공급하기 시작한다. 이러다간 과거 무덤이란 무덤은 모두 파헤쳐질 지경이 됐다.

송나라 황제는 무덤 도굴을 막기 위해 황실의 권위에는 모양이 빠지는 일이지만 어쩔 수 없이 모방품으로 제사를 지내게 된다. 국가예악국(官方禮樂局. 나라의 모든 공식·비공식 행사를 담당하던 부서)에서 공식적으로 모방품을 만들자 민간에서도 모방품을 생산하기 시작했다. 이렇게 만든 모방품 유물을 중국에서는 안품(贗品)이라고 부른다.

지금으로부터 약 3천 5백 년 전에 만든 은나라 시대 청동 유물과 약 1천 년 전에 만든 송나라 시대 청동 유물은 재질과 모양 제작 기술까지 똑같다. 그래서 청동 유물이 발견되면 전문가만 어느 시대 유물인지 감정할 수 있다고 한다.

사실 송나라 시대에 만든 청동 유물이 모방품이기는 하나, 그렇다고 가짜라 부르기도 애매한 부분이 분명히 있다. 이런 모방품에 익숙한 역사적 경험이 중국인에게 같은 기능과 효능을 가진 물건이면 정품과 모방품을 특별히 구별하지 않고 사용하게 하지 않았나 추측한다. 그래서 중국 골동품 감정 프로그램 출연자들이 가짜 골동품을 가짜라고 부르지 않고, 묘사가 부적합한 것이라고 표현하는 것이 아닐까?

저장성 이우시와 광둥성 광주시에는 중국에서 가장 큰 생활용품 생산 단지가 있다. 이곳 생산단지에서는 같은 기능과 효능을 가진 진짜 제품과 가짜 제품을 생산해 중국 전 지역에 공급한다. 그러면 중국인은 본인의 필요에 따라, 어떨 때는 높은 가격의 진짜 제품을, 어떨 때는 낮은 가격의 가짜 제품을 사서 사용하는 것이다. 중국 소비자는 남에게 속아서 가짜를 사는 게 아니라, 자신의 경제 능력에 따라 비슷한 기능과 효능을 가진 모방 제품을 사는 것이다. 모방 제품에 대한 수요가 있는 한, 모방 제품은 계속 공급될 가능성이 크다. 다만 중국인은 모방 제품이라 부르고, 다른 나라 사람은 가짜 제품이라고 부를 뿐이다.

중국 속담에 "좋은 물건은 싸지 않고, 싸면 좋은 물건이 아니다(便宜沒好貨 好貨不便宜)"는 말이 있다. 한국말로 "싼 게 비지떡"이라는 의미다. 한국 속담 "싼 게 비지떡"은 부정적인 의미지만, 위의 중국 속담은 긍정과 부정을 모두 포함하는 의미를 가지고 있다. 중국인의 현실주의적 태도를 잘 보여주는 표현이라 할 수 있다. 다시 말해서 중국인은 투자 금액과 비교해 그 투자 금액의 가치를 넘어서는 물건을 기대하지 않는다는 뜻이다. 또 중국에는 "일원을 주고 산 물건은 일원의 가치만 가진다(一分錢 一分貨)"는 속담도 있다. 적정가 이하로 구입한 상품이 진짜라고 생각하는 중국인은 없다. 중국 소비자는 진짜와 가짜를 구별하는 능력이 탁월하다.

1원짜리 물건을 사면 1원의 가치만 가지는 것은 경제적으로 아주 당연한 이치다. 하지만 사람들은 그 이상의 값어치를 원하는 것이 일반적이다. 한국사람은 흔히 "싸고 좋은 물건 없나요?"라고 말한다. 중국인은 싸고 좋은 물건이란 있을 수 없고 싼 물건은 반드시 품질이 좋지 않다고 여긴다. 한국인은 중국 여행에서 사온 값싼 물건이 좋지 않다고 불평한다. 이것은 1원을 투자하고 1원 이상의 값어치를 원하기 때문이다. 세상 어디에나 싸고 좋은 물건은 없다. 이렇게 생각해야 남에게 속지 않는다.

품성을 중시하는 공무원 시험 제도

중국인은 세상에 권선징악이 없기 때문에 어떤 행동을 하더라도 거리낄 것 없다고 생각하는 경향이 있다. 그래서 『증광현문』에는 다른 사람을 속일 경우 주의해야 될 사항에 대해서도 알려주는 문구가 있다.

늙은이는 속여도 되지만 나이 어린 사람은 속이지 마라(欺老莫欺小 欺人心不明)

처음에는 이 글귀를 이해하기 어려웠다. 왜냐면 속이려는 사람

입장에서는 상대방이 세상을 오래 산 늙은이면 당연히 세월의 지혜가 많기에 속이기 어려울 것이고, 상대방이 나이가 어리면 아직 세상 물정을 몰라 어리숙해서 속이기 쉬울 테니까 말이다.

『증광현문』은 세상을 현명하게 살아가는 방법을 가르쳐주는 중국 처세술 책이다. 중국에는 어린이를 위한 판본도 있고, 성인을 위한 판본도 있다. 그래서 성인용 『증광현문』 책을 찾아 주석을 찾아보니 그 이유를 설명해 놓았다. 나이가 어린 사람은 속이기 쉽지만, 그렇게 속은 젊은이가 나중에 성인이 되어 사회적 지위가 높아지거나 육체적 힘이 강해졌을 때 복수를 할 수 있기 때문에 조심해야 한다는 것이다.

권선징악이 없다고 생각하는 중국에서는 합법적으로 법망을 빠져나갈 수 있거나 비합법적으로 법망을 피할 수만 있다면, 무엇을 해도 괜찮다고 생각할 여지가 많다. 사실 하늘에 권선징악을 주재하는 신이 없다면 착한 일만 하고 나쁜 일은 하지 않으면서 살 필요는 없다. 왜냐면 대부분의 경우 착한 일은 시간 투자 대비 경제적 이익이 적고, 나쁜 일은 시간 투자 대비 경제적 이익이 크기 때문이다. 세상에 권선징악이 없다면, 잠시 본인의 양심을 땅속에 묻어 버리고 몰래 남을 속이거나 남에게 피해를 주면서 자신의 이익을 취하는 행동을 하더라도, 직접적인 이해관계가 없는 그 누구도 뭐라고 하지 않는다. 상황이 이렇다 보니, 중국인은 옛날부터 사람을 평가할 때 그 사람의 능력보다 품성을 중요하게 여겼다. 그리고 품성이 훌륭한 사람을 우대하는 사회 제도가 발달했다.

이중톈은 중국 황제들은 인재를 쓸 때, 도덕과 능력이라는 두 가지 관점으로 평가했다고 말한다. 덕보다 능력을 중요시하는 황제는 능력 지상주의 관점을 가졌다. 능력만 있다면 불효를 저질렀든 앞으로 도적질을 할 가능성이 있든 상관이 없다는 논리다. 그래서 능력만을 중시하는 사회에서는 다른 사람을 배려하는 사람보다는 자신을 우선하는 사람이 성공할 가능성이 크다. 덕을 중요시하는 황제는 능력이 있어도 덕이 없는 사람은 중용하지 않았다. 덕을 중요시하면 능력이 있어도 덕이 없는 사람은 중용되지 못한다. 그래서 덕만을 중시하는 사회에서는 능력 있는 사람보다 다른 사람과 더불어 사는 원만한 사람이 성공할 가능성이 크다.

가장 이상적인 인재는 능력과 덕을 겸비한 사람이다. 그래서 중국에서는 지금도 우선 지식 테스트 시험을 통해 지적 능력을 가진 사람을 뽑은 다음, 다시 그 사람의 덕을 평가하는 제도를 운용한다.

한국 공무원 시험 제도와 중국 공무원 시험 제도를 비교해 보겠다. 중국에서는 과거부터 필요한 사람을 채용할 때 『삼자경(三字经)』의 세 글자 청(清) · 신(愼) · 근(勤), 즉 청렴 · 신중 · 근면을 중요하게 여겼다. 그래서 지금도 중국에서는 국가 공무원을 채용할 때, 필기시험보다 면접시험을 중시한다.

중국 공무원 시험 제도에서는, 예를 들어 100명의 인원이 필요하다면 필기시험에서 300명 정도를 합격시킨다. 그러니까 중국에서는 필기시험 합격자 3명 중 1명만이 면접시험에 합격하여 최종적으로 공무원이 될 수 있다.

한국은 국가직 공무원과 지방직 공무원을 나누어 채용한다.

2018년 자료에 따르면, 한국에서 공무원을 채용할 때 100명의 인원이 필요하다면, 필기시험에서 국가직 공무원은 140명, 지방직 공무원은 109명을 합격시켰다. 그러니까 한국에서 공무원이 되려는 사람은 필기시험만 합격하면, 특별히 정신병 같은 문제가 없는 한 대부분 쉽게 면접시험을 합격할 수 있다.

공무원 채용 제도에서 한국은 필기시험이 중요하고, 중국은 필기시험도 중요하지만 그보다는 면접시험을 더 중요시한다. 중국에서 면접시험을 중요시하는 것은 공무원 응시자의 품성, 곧 앞에서 말한 청(清), 신(慎), 근(勤)을 중요시한다는 의미로도 해석할 수도 있다.

상대적으로 한국에서는 면접시험을 그렇게 중요하게 여기지 않는다. 그러면 한국에서 필기시험에 더 비중을 두는 이유는 무엇일까? 한국에서는 필기시험을 통과할 수 있는 지식이 있는 사람이 업무에서 높은 효율의 결과를 낼 수 있다고 보는 것으로 추측해 본다.

또 중국에는 한국과 같은 5급, 7급 공무원 시험이 없다. 중국 공무원 제도에서 직급은 초급, 중급, 고급으로 구분한다. 한국 공무원 제도에서 직급은 9급에서 1급으로 구분한다. 중국에는 고급 직급을 뽑는 공무원 시험 제도가 없다. 한국에는 9급 공무원, 7급 공무원, 5급 공무원을 뽑는 공무원 시험이 있지만, 중국에는 한국으로 치면 5급, 7급 공무원을 뽑는 시험이 없다. 그래서 중국 공무원은 모두 가장 낮은 직급에서부터 시작하여 자신의 능력과 주변 사람의 평가에 따라 진급할 수 있다. 행정, 사법, 외무, 등등 모든 공무원 시험이 이런 기준으로 운영된다. 회계사처럼 기술과 기능을 측정하는 국가시험은 자격증의 차이가 있지만, 이 역시도 가장 낮은 자격증을 딴 후 경력을 쌓은 후에 그다음 직급의 자격증 시험에 응시할 수 있다.

한국 공무원 시험은 자신의 지식 수준에 따라 직급을 선택할 수 있다. 그러니까, 자신의 지식 수준이 보통이라고 생각하는 사람은 초급 9급 시험에 응시하고, 그런대로 괜찮다고 생각하는 사람은 7급에 응시하고, 자신의 지식 수준이 아주 높다고 생각하는 사람은 5급에 응시한다.

그래서 내가 만난 중국사람들은 한국은 오직 지식만이 중요한 사회라고 말한다. 한국 공무원 시험에서는 5급에 응시하여, 시험에 합격하면 막 바로 중국 지도자급의 직급이 될 수 있기 때문이다. 그러면서 한국 사회에서는 머리만 똑똑하면 어떤 품성을 가졌는지에 관계없이 국가 지도자급 직급에 오를 수 있다고 말한다. 중국에서는 국가 지도자급 직급이 되려면 공무원 초급 시험에 합격한 뒤 20년 정도의 시간이 필요하다. 오랜 시간 동안 주변 사람들에게 자신의 품성을 점검받은 후에야 비로소 얻을 수 있는 국가 지도자급 직위를, 한국에서는 단 한 번의 지식 테스트 시험으로 얻을 수 있다며 이해할 수 없다고 한다.

3부 중앙 집권의 추구

1장 매뉴얼 사회

세상에는 항상 시빗거리가 있지만(是非終日有)
내가 신경 쓰지 않으면 자연스럽게 없어진다(不聽自然無)

직장에서 열심히 일하는 것은 당연하다. 중국인도 직장에서 지시 받은 업무는 열심히 한다. 하지만 지시받은 업무만 열심히 한다. 직장에서 한국인이 상사나 동료나 부하로 중국인과 같이 일할 경우, 한국인은 중국인이 직장 업무에 너무 무관심하다고 느끼는 경우가 많다. 주어진 업무는 잘하는데, 그 업무 외의 일은 어떻게 되든 전혀 신경을 쓰지 않는다는 것이다.

업무지시

중국에서 사업을 하거나 중국인 직원을 고용해 본 사람은 처음부터 적잖이 당황한다. 중국인의 일하는 모습 때문이다. 앞서 직장에서 중국 직원은 지시받은 업무만 정확히 수행한다고 말했다. 이해를 쉽게 하기 위해 업무 도중에 그 업무 수행을 어렵게 하는 문제가 갑자기 발생했다고 가정해 보자. 그런데 직원은 그런 문제가 발생하면 어떻게 대처하라는 업무 지시는 받지 않았을 경우다.

이 경우 중국 직원 입장에서는 도중에 갑자기 발생하는 문제는 아무런 대처를 하지 않고 무관심하게 내버려 두는 것이 최선의 해결책이다. 왜냐면 직원 본인이 임의로 판단하여 그 일에 대처하는 행동을 했다가 나중에 좋지 않은 결과가 발생하면 본인에게 나쁜 상황이 생길 수 있기 때문이다.

직장에서 직원에게 물통을 주면서 잔디밭에 물을 주라고 하면, 직원은 옆에 호스가 있어도 물통으로 물을 준다. 물통을 사용하여 물을 주라고 지시받았기 때문이다. 옆에 있는 호스를 사용하면 더 효율적으로 일해서 이른 시간 안에 일을 끝낼 수 있지만, 그렇게 하라고 지시받지 않았기 때문이다.

만약 물통을 사용하다가 물통이 깨져 더는 잔디밭에 물을 줄 수 없다면, 그 상태에서 일을 멈춘다. 물통을 쓸 수는 없는데, 물통이 깨지면 어떻게 하라는 지시는 없었기 때문이다. 즉, 일을 하다가 문제가 발생하면 그 문제를 해결하라는 업무 지시는 받지 않았기 때문에, 본인이 해결할 일이 아닌 것이다. 또 비가 와도 잔디밭에 물을 준다. 왜 잔디밭에 물을 주는지는 본인이 상관할 바도 아니고, 그 이유를 알 필요도 없다. 지시받은 일을 하면 끝이다.

중국 직원의 이런 업무 처리 태도는, 스스로 판단해서 일하다가 조직에 큰 손해를 끼치는 일은 없다는 장점도 있지만, 업무 진행을 더디게 하고 어떤 경우에는 일을 마비시킨다는 단점도 있다.

직장에서 직원을 채용하면 업무를 분담하여 직원에게 담당 업무를 지정해 준다. 직원 입장에서는 이렇게 자신에게 명확하게 분담된 일은 자신이 마땅히 해야 할 일이지만, 자신에게 분담되지 않은 직장 일은 자기 일이 아니다. 예를 들어 회사가 냉장고를 구입하려고 하는데, 마침 회계 업무를 담당하는 직원이 전에 냉장고를 판매한 경험이 있다고 해보자. 회사는 그가 좋은 냉장고를 싼 가격에 살 수 있다고 판단하고 냉장고 구매 업무를 맡길 것이다. 그런데 회계 담당 직원은 냉장고 구매는 자신의 업무가 아니라고 생각한다.

그래서 회사에서 지시한 냉장고 구매 업무를 하게 되면, 그 직원은 담당 업무 외의 일을 했기 때문에 당연히 그에 상응하는 이익을 챙기려 한다. 그래서 냉장고 구매 과정에서 판매자와 협의하여 별도로 수고료를 꼭 챙긴다.

작은 가게든, 중소기업이든, 대기업이든, 국가 공무원 조직이든, 중국의 조직 구성원들이 일하는 모습을 보면 곧 그 조직이 망할 것 같다. 그렇지만 중국은 건재하며, 세계적인 규모로 성장한 대기업도 있고, 탄탄한 중소기업과 성공한 상인들도 많다.

시스템 중심주의

유럽과 미국에서는 와트가 증기기관을 발명하고 에디슨이 전기를 발명했다고 한다. 한글은 세종대왕이, 해시계와 물시계는 장영실이 만들었다. 그러면 중국의 세계 4대 발명품인 종이, 화약, 나침반, 인쇄술은 누가 발명했을까?

중국에서는 이 4대 발명품을 특정 개인이 만들었다고 하지 않는다. 중국은 개인의 능력보다는 조직의 시스템으로 프로젝트를 진행하는 데 더 익숙하다. 중국이 4대 발명품을 발명한 건, 발명 업무를 담당한 중국의 어떤 개인이 천재였기 때문일 수도 있지만, 그보다는 발명 프로젝트를 세분하여 업무 매뉴얼을 만들고 매뉴얼대로 진행되고 있는지를 점검하는 피드백 시스템이 훌륭했기 때문일 것이다.

중국에서는 나침반을 '즈난지(指南針)'라고 한다. '남쪽을 가리키는 기계'라는 의미다. 담당 업무 매뉴얼은 '즈난(指南)'이라고 한다. 그래서 중국에서 매뉴얼은 나침반이 정확하게 남쪽을 가리키는 것처럼 구체적으로 명확하게 작성되어 있다. 그러니까 중국의 직장 구성원은 원칙적으로 매뉴얼에 나와 있는 업무만 충실히 수행하면 된다.

마찬가지로 중국에는 수도거성(水到渠成)이라는 사자성어가 있다. 글자 그대로는 물이 흐르면 도랑이 생긴다는 말인데, 속뜻은 조직 구성원이 각자의 매뉴얼에 따라 업무를 수행하면 결과물이 모여서 단위 조직의 목표가 자연스럽게 이루어진다는 의미이다.

이처럼 시스템과 매뉴얼을 중시하는 중국 직장인은 주어진 업무는 성실히 수행하지만, 자신의 성과를 높이기 위해 개인 차원에서 스스로 일을 만들어서 하지는 않는다. 즉, 업무 매뉴얼을 벗어나는 일에 도전하는 경우는 극히 드물다.

중국에서는 규모가 작은 가게라도 사장이 직원의 업무 수행 매뉴얼과 업무 점검 매뉴얼을 준비한다. 그리고 직원의 업무 진행을 점검하는 매뉴얼에는 반드시 직원의 금전적 이해관계와 관련된 사항을 명시한다. 직원은 업무 성과에 따라 성과급을 받기도 하지만 직장에 손해를 끼치면 배상하기도 한다. 중국에서는 아무리 작은 가게라도 손님이 물건을 고르고 나면 직원이 꼭 하는 말이 있다. "또 다른 것은 필요하지 않으신지요(要別的嗎)?" 급여 외의 판매 수당이 없다면 직원이 이런 말을 할 필요가 있을까?

만약 중국에서 회사가 업무 수행 매뉴얼과 업무 진행 점검 매뉴얼을 준비하지 않고, '내가 직원을 가족처럼 생각하고 인간적으로 이렇게 잘해 주는데, 직원도 사람인데 이만큼이야 해주지 않겠어?' 라고 생각하면 얼마 지나지 않아 회사 문을 닫아야 할지도 모른다.

영도자와 책임자

중국에는 직장 구성원 간의 관계를 규정하는 "같이 일어서고 같이 앉는다(平起平坐)"라는 말이 있다. 누구나 직장에서는 평등하다는 의미다. 그래서 중국인과 처음 만나 식당 원탁 테이블에서 식사하면서 중국 측의 상위 직급자가 참석자를 소개할 때, 맨 마지막으로 자신의 운전기사를 소개하는 경우가 많다.

중국 조직 단위에서 가장 지위가 높은 사람을 '링따오(領導)'라고 한다. 한국어로 번역하면 '영도자'다. 영도자라는 단어의 뜻은 한국이나 중국이나 같다. 어떤 조직에서 그 조직의 목표를 달성하기 위해 앞장서서 이끌고 지도하는 사람이다. 단위 조직 내 구성원의 업무를 지도해 준다는 의미다. 물론 매뉴얼에 따라 각 구성원의 담당 업무는 이미 정해져 있다. 영도자는 구성원이 매뉴얼에 따른 담당 업무를 잘 수행하도록 옆에서 도와주는 사람이다. 그래서 중국의 직장 업무 처리 프로세스는 한국과 비교하면 오히려 서구식에 더 가깝다. 즉 구성원이 담당 업무의 범위 안에서 자신의 책임 하에 업무를 수행하는 식이다.

반면에 한국에서는 조직 단위 부서에서 가장 지위가 높은 사람을 책임자(責任者)라고 한다. 한국 조직의 책임자는 그 조직에 속한 구성원이 수행하는 모든 업무에 대하여 책임을 지는 사람이라는 의미다. 그래서 한국의 조직 내 구성원들의 관계는 중국의 조직 내 구성원들의 관계보다 훨씬 계급을 따지는 권위주의적인 모습을 띤다.

기업에서 중시하는 도전에 대해서도 중국과 한국은 다르다. 국어사전에서 도전은 '어려운 사업이나 기록 경신을 위해 정면으로 맞서는 것'을 의미한다. 그래서 한국에서 도전이란 자신이 스스로의 목표를 정해 놓고 주위의 어려움을 극복해 나가는, 자신과의 싸움이라는 의미가 강하다.

한편, 중국어 사전에서는 도전(挑戰)을 '스스로 상대방(적)을 이기려고 시도하는 것'으로 설명한다. 즉 중국에서 도전은 내가 상대방을 경쟁에서 이기는 것이다. 중국 직장인이 자신의 업무 성과를 위해 '도전'할 경우 그 상대방은 결국 직장 동료일 가능성이 크다. 그래서 중국인은 되도록이면 조직에서 맡겨진 업무 외에는 도전하지 않는다.

중국에는 "괜히 공을 세우려 하지 말고, 실수만 없도록 하라(不求有功 但求無過)"는 속담이 있다. 공을 세우다가 잘못하면 주위 동료의 신망을 잃고 또 그 일이 실패하면 두고두고 트집거리가 되기 때문이다. 중국 직장인은 힘껏 노력은 하지만 성과를 내기 위해 스스로 일을 만들거나 주위 동료와 다투지 않는다는 원칙을 철저하게 지킨다.

몇 년 전 중국에서 도로가 얼어 교통사고가 발생한 사건이 언론에 크게 보도되었다. 이 사건이 사람들의 시선을 끈 이유는, 그날 눈이나 비가 오지 않아 도로가 얼어붙을 아무런 이유가 없었기 때문이다. 그렇다면 왜 도로가 빙판길로 변했을까?

중국 내륙 지역은 끝없는 평야가 펼쳐진 지역이 많다. 산이 없다는 것이다. 산이 없으면 나무가 없고 나무가 없으면 비가 와도 물이 땅속으로 스며들지 못하고 그냥 말라서 없어진다. 공기 중에 먼지가 많아진다. 그래서 중국 지방정부는 살수차를 동원하여 하루에 몇 번씩 도로에 물을 뿌린다. 날씨가 추운 날에 도로에 물을 뿌리면 도로 표면이 얼 수 있으니 기준을 정하여 기준 이하의 온도에서는 도로에 물을 뿌리지 않는다.

그날은 아침에 살수차가 도로에 물을 뿌리러 출발할 때는 기온이 높았다. 그런데 갑자기 날씨가 추워졌다. 살수차가 도로에 물을 뿌릴지 말지는 하루에 몇 차례 정해진 시간에 기온을 측정해 결정한다. 그런데 살수차가 출발한 뒤, 미처 다음 측정 시간이 되기 전에 날이 추워진 것이다. 그러나 기온을 측정할 시간이 되지 않았기 때문에 관리자는 체크를 하지 않았고, 도로에 물을 뿌리는 살수차 기사도 임의로 판단하지 않고 지시받은 대로, 평소에 하던 대로 도로에 물을 뿌렸다.

결국 도로는 얼어붙어 빙판길로 변했고, 빙판길이 있을 것으로 생각하지 못한 운전자는 차를 평소처럼 운전했고, 차는 빙판길에 미끄러져 교통사고를 냈다. 하지만 살수 여부를 담당하는 관리직원도 살수차 운전기사도, 정해진 기준을 모두 지켰기에 책임질 일이 없었다.

매뉴얼의 부작용

중국인이 즐겨 읽는 중국 4대기서는 『삼국지(三國志)』와 『서유기(西遊記)』 그리고 『수호지(水湖志)』와 『금병매(金甁梅)』다. 『금병매』는 『수호지』의 내용 일부분을 줄거리로 차용했다. 그래서 『수호지』와 『금병매』에 동일 인물이 등장하는데, 두 소설 모두에서 주인공으로 등장하는 인물이 바로 '반금련'이다. 『수호지』와 『금병매』에서 반금련은 부정한 여자 주인공으로 나온다. 그래서 중국에서는 지금도 주변에 행동거지가 바르지 못한 여자가 있으면 반금련이라고 부른다. 그러니까 반금련은 소설 속에 나오는 가상 인물이긴 하지만, 중국인 모두가 아는 이름이다.

2016년 중국에서 국민 감독으로 불리는 펑샤오강(馮小剛)이 「나는 반금련이 아니다」라는 영화를 발표했다. 중국 소설가 류전윈이 2012년 발표한 동명의 소설을 각색한 것인데, 한국에서 소설은 '나는 남편을 죽이지 않았다'라는 제목으로 번역 출판되었고, 영화는 '아부시반금련'이라는 제목으로 상영되었다. 영화 포스터에는 한가운데 여자 주인공이 있고 주위에 8명의 남자가 배치되었다. 그런데 잘 살펴보면 남자 8명 모두 주인공을 정면으로 쳐다보지 않고 눈길을 피하는 모습이다. 왜 영화 포스터를 이렇게 만든 걸까?

영화 「나는 반금련이 아니다」를 만든 펑샤오강 감독은 제작 발표회에서 "이 영화는 일종의 사회적 우화를 다룬 내용"이라고 말했다. 영화 줄거리를 살펴보자. 먼저 영화 배경으로 등장하는 마을 이름이 의미심장하다. 한국 한자 발음으로 읽으면 '영안시 광명현 괴만진(永安市 光明縣 拐彎鎮)'이다. 우리나라 행정구역 체계에 빗대어 번역하면, 영원히 마음이 편한 시(市) 밝고 환하게 빛나는 구(區) 길이 비딱하게 구부러진 동(洞)이다. 그러니까 상급 행정 단위 시와 구의 지명은 긍정적인 의미지만, 하급 행정 단위 동의 지명은 부정적인 의미다.

등장인물 이름 역시 범상치 않다. 판빙빙이 연기한 여자 주인공 이름이 '리슈에옌(李雪蓮)'이다. 이름을 풀어 해석하면 반금련과 같은 상황에 처한 여자가 눈 내리는 허허벌판에 서있다는 의미다. 주인공 리슈에옌이 사는 마을의 현급판사(한국 행정구역 "동"을 담당하는 판사) 이름은 '왕꽁따오(王公道)'다. 한자를 풀어 보면 공명 정대한 길만 가는, 왕씨 성을 가진 사람이라는 의미다.

마을의 현장(한국 행정구역 '동'을 담당하는 동장) 이름은 '스웨이민(史惟閔)'이다. 사씨 성을 가진 항상 노력하는 사람이라는 의미다. 하지만 이름 웨이민에는 또 다른 뜻이 숨어 있는데, 중국에서 웨이민은 같은 발음을 가진 다른 단어 위민(為民)을 의미하기도 한다. 위민은 국민을 위한다는 의미다. 그러니까 영화에서 여자 주인공은 항상 국민을 위하여 노력하는 동장과 공명정대한 길만 가는 판사가 있는, 길이 비딱하게 구부러진 마을에서 반금련과 같은 처지에 빠진 채, 눈 내리는 허허벌판에 홀로 서있는 것이다.

영화는 여자 주인공이 자기가 사는 마을의 담당 판사를 찾아가 이야기하는 장면으로 시작된다. 여자 주인공이 판사에게 이혼 문제로 다시 재판을 받고 싶다고 한다. 판사가 묻는다. "남편과 성격이 안 맞나요?" 주인공이 그것보다 더 큰 일이라고 답한다. 판사가 다시 묻는다. "남편이 바람을 피웠나요?" 주인공이 그것보다 훨씬 큰 일이라고 답한다. 판사가 그러면 결혼 증명서부터 보자고 한다. 그런데 이때 여자 주인공이 결혼 증명서가 아니라 이혼 증명서를 내놓으며, 지난번의 이혼 재판을 취소하는 재판을 해달라고 한다.

중국에서는 1990년대까지만 해도, 기업에서 일정 기간을 근무한 무주택 근로자들에게 무상으로 주택을 공급했다. 여자 주인공의 남편도 근무하는 직장에서 무상으로 주택을 받을 수 있는데, 그들은 이미 주택을 보유하고 있었다. 그래서 여자 주인공은 남편의 무상 주택 조건을 갖추기 위해 남편과 가짜 이혼을 했다. 그런데 이렇게 서류상으로 가짜 이혼을 한 후, 남편이 갑자기 다른 여자와 결혼하면서 일이 꼬이기 시작한다. 영화에서 여자 주인공은 지난번 이혼 재판을 취소하여 서류상으로 다시 결혼 상태로 만든 다음, 남편과 진짜 이혼하겠다는 것이다.

여자 주인공이 가짜 이혼을 취소하기 위해 사법기관과 행정기관을 찾아다니면서 겪는 일들이 전개되면서 영화의 줄거리가 진행된다. 처음에는 동 단위 공무원을 찾아가지만 여의치 않자 구 단위 공무원을 찾아가고, 그래도 해결되지 않자 시, 도 공무원을 찾아간다. 나중에는 결국 중국 전국인민대회(한국 입법, 행정, 사법 기관의 일을 담당하는 중국 국가 기구)까지 찾아가게 된다. 다행히 전국인

172

민대회에서 상무위원(한국 장관급에 해당하며 지역 단위로, 입법, 행정, 사법 모두를 감독한다)을 만나게 되고, 상무위원이 직접 이 사건을 해결하라고 지시한다.

하지만 상무위원의 지시에도 불구하고 가짜 이혼 사건이 해결되지 않자, 주인공은 그 후로 10년 동안이나 매년 전국인민대회장을 찾아가 진정하게 된다. 우리나라로 치면 매년 청와대와 국회와 대법원을 찾아 농성한 것과 마찬가지다.

중국에는 핍상양산(逼上梁山)이라는 사자성어가 있다. '양산'은 「수호지」의 배경 무대인데, 살아가기 힘든 백성들은 어쩔 수 없이 양산박으로 가서 산적이 될 수밖에 없었다. 그래서 핍상양산은 "어쩔 수 없이 그렇게 할 수밖에 없었다"는 뜻으로 쓰인다.

영화에서 국가 최고 직위에 있는 사람이 공무원에게 이 사자성어를 비유로 들며 호통친다. 여자 주인공이 10년 동안 전국인민대회를 찾아와 농성할 수밖에 없는 것은, 공무원이 매뉴얼대로 일하다 보니 문제를 제대로 해결하지 못하기 하기 때문이라는 것이다. 하지만 이러한 호통에도 여자 주인공의 요구는 영화가 끝날 때까지 해결되지 않는다.

영화는 여자 주인공의 가짜 이혼 사건을 해결하는 과정에서 공무원들이 조직의 매뉴얼대로 일을 처리할 수밖에 없는 모습을 우화적으로 표현하면서도 사실적으로 보여준다. 현재 중국 국가 공무원의 매뉴얼 만능주의와 각종 민감한 사회문제를 재미있으면서도 풍자적으로 다룬 이 영화는 많은 사람의 공감을 얻어, 2016년 11월 박스오피스 1위를 차지할 정도로 중국에서 인기를 끌었다.

또 유명한 해외 영화제에서 많은 상을 받기도 했다.

영화에 등장하는 국가의 도시명이나 출연하는 공무원의 이름은 모두 백성을 위해 봉사한다는 의미를 담고 있지만, 실제 그 일을 수행해야 할 국가 공무원은 매뉴얼을 지켜야 하다 보니 제대로 일을 할 수 없다는 사실을 풍자하고 있는 것이다.

스스로 충분하다고 생각한다

한국인은 자족(自足)하는 삶을 추구한다. 한국에서 자족(自足)은 '남에게 빌리거나 의지하지 않을 만큼 넉넉하다'는 의미이다. 이는 한국인의 삶의 태도를 설명해준다. 한국인은 삶의 가치를 창출하기 위해 많은 노력을 요구받아 왔다. 더 나은 삶을 영위하기 위해 어려서부터 주변의 친구들이나 친척, 심지어 친형제들까지도 비교의 대상으로 삼아 그들과의 경쟁에서 반드시 이겨야 한다는 교육을 받았다. 이러한 경쟁심리는 '사촌이 땅을 사면 배가 아프다'는 속담을 만들어냈다.

중국인은 지족(知足)하는 삶을 추구한다. 중국 사전은 지족을 '지금 가지고 있는 것에 만족하며, 스스로 충분하다고 생각한다(滿足於已經得到的)'라고 정의한다. 이는 중국인의 생활방식을 잘 말해준다. 중국인은 남들과 비교를 하지 않는다. 가지고 있는 것이 부족하더라도 스스로 만족하며 있는 그대로의 삶을 살아가려고 노력한다. 이러한 삶의 방식은 불필요한 경쟁을 피하고 서로가 즐겁게 살아갈 수 있는 화합의 문화를 만들어낸다. 한편 이런 중국인의 사고방식은 자신이 원하는 정도의 수준에 도달하면, 더 이상 높은 수준에 올라가려는 의지를 약하게 하기도 한다. 그러니까 더 이상의 도전은 없다는 것이다.

『증광현문』에 나오는 글귀다. "만족을 알고 항상 현재에 만족하고 살면 평생 창피할 일이 없고, 그만두어야 하는 상황에서 그만두면 평생 동안 부끄러울 일이 없다(知足常足 終身不辱 知止常止 終身不恥)." 중국에는 능력이 있다고 나서지 말고 현재의 상태에 안주하라는 속담이 많다. "모난 돌이 정 맞는다", "모서리가 먼저 썩는다", "먼저 고개 내미는 새가 돌멩이를 맞는다" 등이 그 예이다. 중국인은 이렇게 살아가는 자신들의 모습을 '명철보신(明哲保身)'이라고 한다. 중국인은 이 말을 '여러 원인을 살펴보고 자신을 연루시키지 말고 남과 다투지 말라'는 인생 처세술이라고 설명한다.

가정에서 부모에게, 학교에서 선생님에게 이런 교육을 받은 중국인은 99퍼센트 이상 확실하지 않으면 좀처럼 도전하지 않는다. 그래서 중국인은 절반의 가능성에도 도전하는 한국인의 모습을 보고 어떤 때는 적극적이라고 하고, 어떤 때는 무모하다고 한다.

2장   자금성과 공산당

한 사람이 천하를 통일하는 것은 그 자신에게도 좋은 일이지만(一
人有慶)
더 이상 전쟁터에서 목숨을 잃지 않아도 되기 때문에 모든 사람에
게도 좋은 일이다(兆民鹹賴)

중국은 5천 년 역사를 강조한다. 그 이유는 두 가지다. 첫째는 현
재 중화인민공화국이 자랑스러운 5천 년 전통을 이어받은 중국
정통 국가라고 내세우기 위해서이다. 오랜 역사를 강조하여 국민에
게 자부심을 가질 수 있게 하면서 현재 중국의 정통성을 강조하
는 것이다. 둘째는 중국 외교 관계에 있어서도, 오랜 역사를 가지
고 있다는 사실은 서구에 그들의 시각으로 중국을 판단하고 평가
하지 말라는 좋은 논리적 근거가 되기 때문이다.

하지만 이렇게 5천 년 역사 전통을 강조하면서 현재의 중화인민
공화국을 과거 중국 대륙에 있었던 국가의 적자로 내세우며, 과거
중국 대륙에 존재했던 국가와의 지속성을 강조하다 보니, 중국인
입장에서는 다르게 해석할 여지도 있다.

중국 대륙에 새로운 통치자가 나타나서 새로운 사상(이데올로기)
을 내세우며 전국을 통일해 국가를 세운다. 그러면 중국은 번영하

고 인구는 늘어난다. 그리고 뒤이어 부정부패가 따르고 이에 따라 몇백 년도 지나지 않아 민란이 일어난다. 결국 기존의 국가는 민심을 잃고 망한다. 그러면 짧게는 몇십 년간 길게는 몇백 년간 혼돈의 시대가 오고 전쟁으로 사람이 죽는다. 그러다가 또 새로운 통치자가 나타나서 새로운 사상을 내세우며 전국을 통일해 새로운 국가를 세운다.

이런 역사적 경험은 중국인에게, 국가란 몇 백년마다 바뀌는 것이지만 내가 살아 있는 동안만은 평온하게 유지되기를, 혼돈에 빠져 전쟁이 일어나지 않기를 바라게 한다. 중국인은 현재의 국가가 유지되어야 전쟁이 일어나지 않으니, 현재의 국가가 잘하든 못하든 별 상관하지 않고 다만 지금 상태로 유지되기를 바라는 경향이 강하다.

국가의 의미

중국인은 한국과 한국인을 구분하여 생각하는 경향이 있다. 한국이라는 나라는 중국 옆에 붙은 작은 나라로 오래전부터 중국 문화를 받아들였다고 생각한다. 하지만 한국인에 대해서는 비교적 긍정적으로 말하는 경우가 많다.

중국인이 한국인에 대해 긍정적으로 평가하는 부분은 애국심이 많다, 진취적이고 역동적이다, 창조적이다, 등등이다. 개개인에 따라 차이가 있지만, 많은 중국인이 한결같이 말하는 점은 "한국인은 애국심이 많다"는 것이다. 중국인에게 왜 그렇게 생각하느냐고 물어보면, 대부분 1997년 한국 IMF 시기 한국인들이 자발적으로 국가에 금을 팔았다는 사실을 이야기한다. 그 당시 인플레이션 상황에서 금은 가지고만 있어도 가격이 상승하여 돈을 벌 수 있는데, 한국사람들은 국가 빚을 갚기 위해 자신의 이익을 포기하고 국가에 금을 팔았다는 것이다. 그런데 이 이야기를 거꾸로 해석하면, 중국인은 자신들이 한국인보다 애국심이 적다고 생각한다는 의미가 된다. 그렇다고 중국인이 '국가'의 존립에 관심이 없는 것은 아니다.

중국인은 진시황제를 존경한다. 중국 춘추전국시대는 기원전 770년부터 기원전 221년까지 550년 동안 전쟁을 치렀던 시기다. 그 기나긴 전쟁을 끝내고 중국을 통일한 사람이 바로 진시황제다. 그 시대를 살았던 중국인이라면 전쟁을 끝낸 진시황제가 고마울 것이다. 전쟁터에서 언제 죽을지 모르는 병사의 처지는 말할 것도 없고, 병사의 부모와 아내는 아들과 남편이 살아서 집에 돌아오니 진시황제를 존경하게 되었을 것이다.

중국의 유명 감독인 장이머우(張藝謀)감독이 연출한 「영웅」이라는 영화에서도 이런 중국인들의 시각이 잘 드러난다. 자객들이 복수를 위해 진시황제를 암살하려고 하지만, 성공을 눈앞에 두고 진시황제가 중국에서 전쟁을 종결시킬 '영웅'임을 인정하고 포기한다. 만약 암살에 성공하여 진시황제를 제거한다면, 중국은 다시 전쟁의 소용돌이에 빠져 향후 수십 년간 국민들이 전쟁으로 죽거나 굶주리는 도탄에 빠지기 때문이다.

같은 이유로 현대의 중국인은 마오쩌둥을 존경한다. 1840년 아편전쟁부터 시작된 중국 대륙에서의 전란은 1949년 마오쩌둥이 중화인민공화국을 건국하면서 끝난다. 중국인은 2백여 년 동안 때로는 외국과, 때로는 자국민끼리 전쟁을 치렀다.

사람이 살아가려면 의식주가 필요하다. 하지만 본인이 죽으면 아무것도 필요 없다. 그래서 중국인은 국가가 생활은 해결해 주지 못하더라도 사람이 죽는 전쟁만은 막아주기를 기대한다. 중국인이 생각하는 국가의 역할은 딱 여기까지다. 국가가 전쟁만 막아준다면, 무슨 일을 하든 별 관심이 없다. 그래서 중국인은 한국인이 나랏일에 관심을 가지고 자신의 의견을 말하고, 어떤 때는 자신의 시간을 포기하면서 행동으로 생각을 표현하는 모습을 보면서 애국심이 높다고 평가한다(어떤 사람은 쓸데없이 정력과 시간을 낭비한다고 여기기도 한다).

한국에서는 국가가 국민, 영토, 주권의 세 요소로 이뤄진다고 말한다. 중국에서 국가의 요소는 한국에서 말하는 것과 조금 다르다. 인민, 국토, 문화 그리고 정부가 필요하다고 한다.

한국에서 국가의 구성요소 중 하나인 주권은 국민에게 있다. 이를 주권재민(主權在民)이라 한다. 중국에서 주권은 국가의 구성요소가 아니다. 그 대신 국가 구성요소로 꼽히는 정부가 있는데, 이는 국가권력을 행사하는 기관이다. 중국인은 나라에 많은 것을 기대하지 않는다. 받는 게 없으면 주지 않는 게 세상 이치다. 그래서 중국인은 국가를 위해 무엇을 하겠다는 생각을 많이 하지 않는 것 같다.

공산당과 국가는 별개

중국 공산당 당장(黨章)은 첫머리에 중국 공산당의 행동 지침으로 마르크스레닌주의와 함께 마오쩌둥 사상을 제시하고 있다. 덩샤오핑은 시장경제 도입을 발표하면서 중국 공산당 당장(黨章) 첫머리에 마르크스레닌주의, 마오쩌둥 사상에 더해 덩샤오핑 이론, 즉 시장경제 체제를 추가한다. 그리고 2017년 제19차 중국 공산당 전국대표대회에서 시진핑(習近平)은 '신시대 중국 특색 사회주의'를 추가했다.

즉, 현재 중국의 통치 사상은 마르크스의 공산주의, 레닌의 사회주의, 마오쩌둥의 중국 전통 사상, 여기에 자본주의 시장경제 이론을 합친 후 시진핑이 이 모든 사상을 혼합해 현재 중국의 상황에 맞는 부분만 취합하여 '신시대 중국 특색 사회주의 사상'이라고 칭했다고 해석할 수도 있다.

중국에서 지배 이데올로기는 시대에 따라 변해왔다. 중국을 최초로 통일한 진나라는 법가 사상을, 한나라는 도가 사상과 유학 사상을, 당나라는 불교 사상을, 송나라는 다시 유학 사상을, 원나라는 다시 불교 사상을, 그리고 명나라와 청나라는 다시 유학 사상을, 그리고 현재 중국은 앞 시대의 모든 사상에 마르크스와 레닌의 공산주의와 사회주의 사상 그리고 자본주의 시장경제를 합쳐서 통치 사상을 만들었다. 이러니 딱 잘라 무엇이라고 말해야 할까?

앞에서도 말했지만 황하 이야기를 다시 해보자. 중국 서쪽에서 동쪽으로 흐르는 황하는 길이가 5,464킬로미터이다. 지금까지 황하는 크게 일곱 번 물길을 바꿨다고 한다. 홍수로 범람하여 물길이 바뀔 때마다 황하는 수백 킬로미터 떨어진 곳으로 이동하거나 심지어 물줄기를 반대 방향으로 바꾸기도 한다. 그래서 중국에는 황하가 30년은 동쪽으로, 다시 30년은 서쪽으로 흐른다(三十年河東 三十年河西)는 격언이 있다. 이처럼 오랜 세월 황하는 대륙을 옮겨 다니며 흘렀지만, 황하라는 이름은 바뀌지 않았다.

1988년 중국 중앙인민텔레비전 방송국에서 6회에 걸쳐 「하상(河殤)」이라는 다큐멘터리 프로그램을 방영했다. '하상'이란 황하가 주기적으로 범람하여 물길을 옮기고 물줄기 방향을 바꾸었지만 황하는 여전히 황하라는 것이다. 그러니 이 프로그램은 중국의 통치 체제와 통치 사상이 여러 번 바뀌었어도 실제 모습은 변화가 없다는 의미를 담고 있었고, 중국에서 이 다큐멘터리는 폭발적인 반응과 논란을 불러일으켰다. 파급 효과를 우려한 중국 정부는 방영을 금지했다.

현재 중국 공산당은 공산주의 사상으로 중국을 통치한다. 하지만 중국에서 수천 년 역사 동안 통치 체제는 한 번도 바뀌지 않았다. 그래서 중국에서 공산주의는 단지 중국에서 수천 년 동안 지속된 전제정치의 외피를 감싸는 겉모습일 뿐이라고 볼 수도 있다.

중국인이 생각하는 국가 개념과 한국인이 생각하는 국가 개념은 어떻게 다를까? 이를 보여주는 노래가 있다. 「공산당이 없으면 중국도 없다(沒有共産黨就沒有新中國)」라는 노래다. 이 곡은 1943년에 지어졌는데, 요즘도 중국 방송에서 자주 들을 수 있으며 학교에서도 학생들에게 가르친다. 이 노래는 제목 그대로 공산당 조직이 없으면 중국이라는 국가도 없다는 의미를 담고 있다. 공산당이 국가보다 더 중요한 것이다.

중국 언론에서는 나라를 사랑하자는 표현으로 "애당애국애인민 (愛黨愛國愛人民)"이라는 글귀를 사용한다. 순서대로 해석하면 "공산당을 사랑하고, 국가를 사랑하고, 인민을 사랑하자"다. 중국 언론이 사용하는 나라 사랑 글귀에도 공산당이 국가보다 먼저 나오는 것이다.

중국에서는 시진핑을 소개하는 자료에서 시진핑의 현재 직함을 "중국공산당 중앙위원회 총서기, 중공중앙군사위원회 주석, 중화인민공화국 주석" 순으로 나열한다. 총서기는 중국공산당의 최고위 직함이고, 주석은 공산당 외 다른 조직의 최고위 직함이다. 여기서도 중국 공산당, 중국 군대, 중국 국가 순서가 사용된다.

왜 중국에서는 공산당이 국가보다 중요한 것으로 자리 잡았을까? 중국 공산당은 1921년 중국에 사회주의 국가를 설립하기 위해 조직되었고, 1927년 이를 위해 인민해방군이라는 군대 조직을 만든다. 그리고 마침내 1949년 중국 공산당은 중국에 중화인민공화국이라는 나라를 세운다.

공산당과 군대와 국가라는 세 조직은 만들어진 순서대로 중요하다. 그러니까 1921년 중국 공산당이 만들어지지 않았으면 1949년 중국 국가의 수립도 없었다는 것이다. 그래서 중국에서는 중국 공산당과 중국 국가의 관계를 '중국 공산당은 중국 국가를 만들고 관리하는 단체(中國共產黨是中華人民共和國的締造者和領導者)'라고 정의한다.

중국은 한국과 국가 조직 구조가 다르기 때문에 한국인이 이해하기는 조금 어렵다. 한국과 비교하자면 이렇다. 중국에서 중국 공산당은 한국의 국회(입법부)와 법원(사법부)의 역할을 맡는다. 그리고 국가와 지방정부의 비전과 계획을 세운다. 중국에서 국가는 한국 정부의 행정기관처럼 단순히 행정만을 담당한다. 백 퍼센트 딱 떨어지는 설명은 아니지만, 업무 수행이라는 측면에서 보면 중국의 국가는 한국의 행정부와 비슷한 일을 하는 조직이다.

중국 인구는 14억 4천만 명이고, 중국 공산당 당원은 약 1억 명이다(2019년 기준). 중국 국가에 속한 사람은 14억 4천만 명인데 그중에서 1억 명은 중국 공산당에도 속해 있는 것이다. 그러니 14억 중국인 중 대부분은 국가의 구성원이기는 하되 국가보다 상위 개념인 중국 공산당의 구성원은 아니다.

해방과 혁명

내가 생활하고 있는 중국 산둥성 제남시의 시내 중심가에는 해방각이라는 건축물이 있다. '각'이란 건물을 호칭하는 단어이니, 해방각은 해방을 기념하는 건물이다. 얼마 전 여행한 중국 충칭시 시내 중심가에는 해방탑이라는 탑이 있었다. 이처럼 중국에서는 해방이라는 단어를 자주 볼 수 있다. 건물 이름에도, 탑 이름에도, 거리 이름에도, 영화나 연속극 제목에도, 해방이라는 단어를 사용한다. 이렇게 중국사람이 애용하는 '해방'이란 단어는 그들에게 어떤 의미일까?

중국에서는 군대도 '중화인민해방군'이라고 한다. 우리나라 '대한민국국군'은 국가의 군대라고 해석할 수 있다. 그런데 중국의 중화인민해방군에서 '중화'란 중국이라는 국가를 칭하는 단어이고, '인민'이란 중국에서 국민이라는 뜻을 가진 단어다. 그래서 중화인민해방군을 단어의 뜻 그대로 해석하면 중국이라는 국가에 있는 국민을 해방하는 군대라는 것이다. 그러면 중국 군대가 국민을 해방했다는 것인데, 국민을 어떤 상황에서 어떻게 해방했다는 것일까?

한국에서는 "내일이면 학기말 시험에서 해방이다", "과중한 일이 끝나서 일에서 해방됐다"는 말에서 알 수 있듯이 해방이 어떤 상태를 겪고 이겨내고 벗어난다는 의미로 쓰인다. 그런데 학기말 시험이나 과중한 일은 미래에 다시 맞닥뜨릴 가능성이 크다. 한국사람이 사용하는 해방이라는 단어 속에는, 근본적으로 어떤 상태가 다시는 일어나지 않도록 한다는 의미보다는 주어진 어떤 상태를 이겨내고 벗어났다는 의미가 더 크다.

중국에서는 해방이라는 단어의 뜻 그대로 '속박, 구속, 제한을 없애거나 제거한다'라고 정의한다. 주어진 어떤 상태에서 원천적으로 다시는 그런 상태가 발생하지 않도록 근본적으로 없애거나 제거한다는 의미가 크다. 그래서 중국에서는 해방이라는 단어를 어떤 조직이나 개인이 능동적으로 현재의 상태를 바꾸었다는 의미로 사용한다.

중국 사전에서는 중국 정부나 언론매체 그리고 중국인이 사용하는 해방이란 단어를, 중국혁명이 승리하여 새로운 중국을 만든 일련의 사건이라고 정의한다. 그렇다면 중국인민해방군이 중국을 해방했고, 해방이란 중국혁명이 승리한 사건이니, 중국혁명이 무엇인지 알면 중국인이 사용하는 해방이라는 말의 의미를 더 구체적으로 이해할 수 있다.

중국 국민은 중국혁명을 통해 해방했다. 그래서 해방을 기념하기 위해 곳곳에 기념물을 만들어 해방을 기념한다. 중국 고등학교 교과서에 중국혁명에 대해 자세히 나오는데, 중국에서 고등학교를 졸업한 사람이 알고 있는, '중국혁명을 통한 해방'이란 무엇일까? 중국 고등학교 교과서에는 중국혁명을 다섯 단계로 나누어 설명한다.

첫 번째 단계는 1800년대 중반부터 시작된 서구 열강의 중국 침략에서부터 시작한다. 당시 중국 청나라가 서구 열강의 침략을 막아내지 못하고 반식민 상태로 전락하자, 중국사람은 국민을 보호하지 못하는 청나라의 체제에 문제가 있다고 생각한다. 그래서 3천 년 전부터 중국 모든 나라의 통치방식이었던 봉건주의(상위에 있는 자가 절대적 권력을 가지고 하위에 있는 자를 종속시켜 다스리는 방식)에 원인이 있다며 봉건 체제를 해체하는 운동을 벌인다. 신해혁명으로 청나라는 망하고 중국은 공화제(여러 사람이 공동으로 국가를 운영하는 제도) 국가를 세운다. 이런 혼란스러운 시기에 중국 산둥성 사람들이 한국의 인천으로 많이 이주했다. 이때 인천에 도착한 사람들이 중국 음식 식당을 열었는데, 식당 이름을 중국 공화제 국가 이름을 본떠서 '공화춘'이라고 했다. 그러니까 중국혁명 첫 번째 단계의 해방은 국민이 봉건 왕조 국가 체제를 해체하고 공화제 국가를 만들었다는 것이다.

두 번째 단계는 중국에서 공산당이 태동했다는 것이다. 현재 중국인민공화국이 이때 생긴 공산당에서부터 시작했으니 중국 정부 입장에서는 공산당의 태동을 중국혁명 두 번째 단계라고 하는 듯하다.

세 번째 단계는 토지혁명이다. 이 당시 공산당은 자신들의 세력에 속한 지역에서 토지개혁을 한다. 지주 아래에서 소작농으로 생활하던 농민들이 자신들의 농토를 가지게 됐으니 농민 입장에서는 해방이라고 할 수 있다.

네 번째 단계는 국공합작(중국 국민당과 공산당이 연합하여 일본에 맞서 전쟁을 한 사건)으로 중국 영토 내에서 일본 군대를 몰아낸 것이다. 중국 국가 입장에서는 외세의 침략을 물리친 국가 해방이고, 중국 국민 입장에서는 사람이 죽는 전쟁을 끝냈으니 해방이라고 한다.

마지막으로 다섯 번째 단계는 중국 공산당이 국민당과의 전쟁에서 승리하여, 중국에 공산주의 체제 중화인민공화국을 세운 것이다. 현재 중국 정부가 이때 건국한 국가에서 비롯되었으니 해방이라고 하는 듯하다.

서기

중국에는 한국과 다른 '서기'라는 직위가 있다. 한국에서 서기란 단체나 회의에서 기록 업무를 하는 사람이나, 8급 공무원의 직급을 뜻한다. 중국에서 '서기(书记)'란 공산당 조직에서 사무를 주관하는 영도자로, 직무는 중국 공산당의 노선과 방침, 정책을 정하고 진행 상황을 감독하는 것이다. 그래서 서기는 공산당의 모든 조직에 있다.

공산당원 서기를 중심으로 중국 행정 단위별로 설치되어 있는 조직을 '중국공산당위원회'라고 한다. 중국 모든 행정 단위 조직에는 이 '중국공산당위원회'가 설치되어 있으며, 일정 규모 이상의 사기업에도 위원회를 설치하도록 하고 있다.

서기 직무가 구체적으로 중국의 미래 방향과 정책, 행정부의 정책 실행, 행정부의 업무 중복, 혼선 정리 등을 담당하는 것이니, 결국 중국 정부와 하급 행정단위의 모든 정책을 만들고 관리하는 것이다. 그리고 국가 행정부가 추진하는 정책의 시행 상황을 감독하고 그 정책 추진 결과를 평가한다. 한국 행정구역인 '시'에 비유하자면, 시청이라는 단위 조직에 공산당 서기와 국가 공무원 시장이 있는 것이다. 공산당 서기는 해당 시의 비전과 계획을 세우는 일을 하고, 국가 공무원 시장은 공산당 서기가 세운 비전과 계획에 따라 그것을 실행하는 행정 업무만을 담당한다. 그리고 공산당 서기는 그 행정 업무의 진행 상황을 감독하고 평가한다.

당연히 직급상 서기가 시장보다 높다. 국가에 소속된 모든 단위 조직에 서기가 있다. 최상급 국가 조직에는 총서기(현재의 시진핑)가 있고, 각 성(한국 행정구역의 도에 해당한다)에는 성서기가 있고 가장 아래 현(한국 행정구역의 동)에는 현서기가 있다. 한국으로 치면 국가 최고 정치 조직의 대표(대통령)도 서기이고 최하위 행정 조직 마을 이장도 서기다. 그러니까 서기라는 호칭은 같아도 직급은 천차만별이다. 한국 행정구역 '시'라면 시에서 직급 순위는 시서기,

시장, 부서기, 부시장 순이다. 그리고 국가 소속 모든 단위 조직에 서기가 있기 때문에, 예를 들면 대학교에서는 직급 순위는 대학교 서기, 대학교 총장, 대학교 부서기, 대학교 부총장 순이다.

시장경제와 민주화

많은 사람이 중국에서 시장경제가 발달하여 경제가 발전하면 중국에도 서구 이데올로기인 민주화가 진행될 거라고 말한다. 40년 전에도 그렇게 말한 사람이 있다. 1982년 영국 대처 총리는 제국주의 시대 중국을 침략하여 점령했던 홍콩을 중국에 반환하면서 이를 계기로 앞으로 중국이 변할 것으로 예측했다. 그러면서 "중국 국민들이 시장에서 상품을 고르다 보면 언젠가는 정치 지도자도 고르게 될 것"이라고 말했다. 하지만 중국에서 시장경제는 이미 3천 년 전부터 있었다. 그리고 사회주의 국가 계획경제는 1949년 중국 공산당 정권이 들어서면서 짧은 기간 동안 잠시 실험해 본 것에 불과했다. 이런 사실을 간과한 영국 대처 총리는 중국이 시장경제를 도입하면 사회 정치 체제도 바뀔 것으로 안이하게 생각한 것이다.

경제를 개방한 지 이미 40년이 지나고 중국 경제가 세계 두 번째 규모로 성장했지만, 중국은 공산당 체제를 유지하고 있다. 중국인이 현재의 중국 공산당 정권이 유지되어야 한다고 생각하는 이유를 알아보자.

첫째, 질서와 안정에 대한 오랜 숙원이다. 주나라 이후 중국 역사를 5천 년이라고 볼 때, 최소한 2천 년은 전쟁을 치렀다. 통계로

만 따져도 1년에 약 150일은 목숨을 잃는 전란을 겪었다는 뜻이다. 특히 왕조 교체기에는 짧게는 몇십 년, 길게는 몇백 년을 전란에 시달렸다. 역사는 중국인에게 혼란에 대한 공포를 주었다. 그래서 중국인은 안정된 사회 질서를 유지하고 자신의 생명과 재산을 지켜주는 정치 세력을 중요하게 생각한다.

중국인은 어떤 세력이 전쟁에서 이기든 상관이 없다. 누구든 빨리 전란을 끝내 주기를 바랄 뿐이다. 마찬가지로 전란을 끝내고 중국 대륙을 통일한 국가가 다시 혼란에 빠지지 않기를 바란다. 최근 경제가 발전하여 지켜야 할 재산이 늘어났으니, 이 오랜 숙원은 더 깊어질 수밖에 없다.

서구에서는 "중국이 발전한다고 해도 일당독재 체제하에서 자유를 구속당한다면 무슨 의미가 있는가?"라고 한다. 하지만 오늘날 중국인들이 그들의 생활에서 가장 중요하게 생각하는 것은 안정이다. 중국 정부가 지난 40년간 이어온 경제발전과 경제활동의 자유를 계속해서 유지하고 보장해 주는 것이다. 지금 중국인은 모처럼(따지자면 140년 만에) 비교적 안정된 사회에서 경제 발전의 길을 질주하고 있다. 대부분의 중국인은 지금의 안정과 경제적 발전이 계속 이어지기를 바란다.

둘째, 중화민족의 자존심 회복이다. 중화인민공화국 공산당과 대만 국민당 정권은 일본 제국주의의 침략을 막아내고 중국 대륙에 중국 민족 국가를 세웠다. 그러니까 외세를 물리치고 자신들의 독립을 유지할 수 있었다는 것이다. 그리고 이런 사실은 중국인에게 중화 민족의 나라를 유지했다는 자부심을 주었다.

하지만 중국이 일본 제국주의의 침략만 막아낸 것은 아니다. 사실 중국 대륙에 대한 서구 제국주의의 침략은 1840년 아편전쟁부터 시작됐다. 서구 제국주의 국가들의 침략을 가르치는 중국 중·고등학교 역사 교과서에 나오는 내용을 소개한다.

20세기 초 영국, 러시아, 미국, 일본, 프랑스, 독일은 제국주의 시대에 접어들자 침략에 나섰고, 중국은 이들의 손에 분할되었다. 서구 제국주의 국가는 상품의 덤핑과 원료의 탈취뿐만 아니라, 투자에도 눈독을 들였다. 청나라에 돈을 빌려주고 은행을 개업했으며, 공장을 짓고 철도를 부설했는가 하면, 탄광을 개발하여 중국의 재정과 경제를 독점하고 지배했다. 제국주의 열강 국가들은 조차지(租借地)를 가로채 중국을 그들의 세력별로 분할하기도 했다. 여기까지는 한국인도 잘 알고 있는 사실이다.

그러나 일본 제국주의가 패망(1945년)한 후 중국 공산당과 대만 국민당이 중국 통일을 놓고 겨루는 와중에도 외세의 침략은 계속되었다. 중국혁명 기간(1921~1949), 미국 대통령은 루스벨트였고 소련 서기장은 스탈린이었다. 이 시기는 냉전 시대 이전이었고, 그 당시 이 두 사람은 사적으로는 서로에게 호의적이었다. 소련과 미국은 일본을 이기고 한국과 독일을 각각 분할하여 반씩 관리하기로 했다. 그러고 나서 공산당과 국민당 간 내전에 빠진 중국 역시 분할하여 서로 관리하기로 밀약했다. 처음에는 황하를 기준으로 분단하여 북쪽은 소련이, 남쪽은 미국이 관리하기로 했다. 중국 공산당이 황하를 넘어 남쪽까지 세력을 넓히자, 양쯔강을 기준으로 북쪽은 소련이, 남쪽은 미국이 관리하기로 했다. 한광수의 『미

중 패권전쟁은 없다』에 따르면, 이에 중국인은 "우리는 조선도 아니고 독일도 아니다."라고 주장했다. 1949년 중국 공산당 마오쩌둥은 양쯔강을 넘어 남쪽으로 진격하라고 명령했는데, 후에 이렇게 말했다. "우리는 소련의 말을 듣지 않고 양쯔강을 넘었다. 미국은 막아서지 않았고 결국 중국에 두 개의 정권이 들어서서 중국 대륙이 계속 혼란에 빠지는 상황을 막아냈다." 이렇게 미국과 소련의 분단 계획을 막아내고 중국 대륙을 통일한 세력이 바로 중국 공산당이다.

셋째, 중국은 수천 년 동안 국가를 전제주의로 운영했기에 현재 중화인민공화국 공산주의 체제에 익숙하다. 중국 대륙에서 당나라(618년~907년) 시대 국가 통치 조직은 3성 6부다. 3성은 중서성(정책 기조), 문하성(정책 심의), 상서성(행정 총괄)을 담당했다. 상서성 아래에 6부를 두고 일상적인 업무를 집행했다. '어사대'라는 독립 기관이 3성과 6부의 업무를 감찰했다. 그리고 이 모든 조직을 황제가 총괄 감독했다. 이 체계가 오늘날 서양의 삼권분립으로 서로 견제하고 균형을 이루는 체제와 근본적으로 다르다는 것을 어렵지 않게 알 수 있다. 중국 당나라 정부 조직에는 백성이 나름의 이익을 대변할 만한 어떠한 구성요소도 없었다. 그래서 독립된 시민 조직이 이와 같은 기반 위에서 출현할 수 없었다.

당나라 정부 조직은 현재 중화인민공화국의 통치 구조와 비교해서 별반 다르지 않다. 다만 황제가 공산당으로 바뀌었을 뿐이다. 중국인에게 전제주의 통치 체제는 수천 년 동안 이어져왔다. 그만큼 익숙하다.

3장　무관심과 무반응

좋은 마음으로 다른 사람을 도와주어도(不以我爲德)
오히려 그와 원수지간이 된다(反以我爲仇)

자전거를 타고 등교하던 초등학생이 아이스크림을 먹으며 걸어가
는 꼬마를 보았다. 그런데 꼬마가 갑자기 넘어지는 것이 아닌가.
아이스크림은 땅에 떨어졌고, 꼬마는 길바닥에 주저앉아 울기 시
작했다. 자전거에서 내린 초등학생이 얼른 달려가서 꼬마를 일으
켜 세워 다친 데는 없는지 살펴주며 달랬다. 멀리서 꼬마의 어머
니가 달려왔다. 초등학생은 어머니에게 "다친 데가 없으니 안심하
세요."라고 하며, 자기가 잘 보살펴 주었다고 자랑스럽다는 듯 말
했다. 그런데 그 어머니는 눈을 부릅뜨고 초등학생을 쏘아보며 "네
가 자전거를 주의해서 타지 않아 내 아들과 부딪쳤다."며 다치지
않은 것은 다행이지만, 너 때문에 내 아들이 넘어져 아이스크림을
떨어뜨렸으니 아이스크림 값을 내놓으라고 호통을 쳤다.

　이 이야기는 중국의 부모들이 자녀들에게 세상을 살면서 조심
하라고 가르치는 유명한 예화다. 이 이야기를 들으며 자란 중국인

은 자연스럽게 '무관심'에 익숙해진다. 주위 사람을 위해 좋은 일을 했는데, 나중에 예상하지 못한 난감한 상황에 놓일까 봐 그렇다. 무관심은 점차 커져서 나에게 직접적인 이해관계가 없는 세상의 모든 일에 무관심해지는 단계로까지 발전한다. 그래서 『증광현문』에는 선의로든 악의로든, 다른 사람 일에는 관심을 가지지 말라는 구절이 제법 많이 나온다.

다른 사람이 꽃을 감상해도, 너의 눈과는 관련 없고(他人觀花 不涉你目)
다른 사람이 바쁘게 다녀도, 너의 발과는 관련 없다(他人碌碌 不涉你足)

미담의 희소성

중국 중앙텔레비전방송국(CCTV)은 중국을 대표하는 TV 매체다. 국토 면적도 넓고 인구도 많기 때문에 중국에는 뉴스 소재로 다룰 만한 사건사고 역시 수두룩하다. 그런데 우리 입장에서 볼 때 그리 중요하지 않은(?) 사건을 크게 다룰 때가 있다. 바로 '미담'이다.

예를 들어 마을 하천에 사람이 빠졌는데, 사람들이 힘을 합쳐 구해주었다는 이야기 말이다. 세상 어디에서든 목숨을 걸고 남을 돕는 행동은 쉽지 않다. 당연히 뉴스의 한 꼭지로 나올 만하다. 시내버스에 탄 승객이 갑자기 쓰러졌는데 기사가 병원으로 버스를 몰고 달려가서 때를 놓치지 않고 응급조치를 받았다는 내용도 심심치 않게 나온다. 물론 이 역시 뉴스에 나올 만한 미담이다. 하지만 전체 중국을 대표하는 CCTV 방송국의 메인 뉴스로 나올 만한 뉴스일까? 더군다나 관계자들의 인터뷰를 포함해 10여 분 넘게 나오는 경우도 있다. 각 지방의 방송국이 아닌 전국 방송 뉴스에 말이다.

결론부터 말하면 중국에서는 뉴스에 나올 만한 일이 맞다. 모르는 사람이 갑자기 어려운 일을 당했을 때 누군가 도와주는 경우가 정말로 드물기 때문이다. 그만큼 중국인 대부분은 자신과 이해관계가 없는 일에 철저히 무관심한 경향이 있다.

갑자기 어떤 사건이 일어나서 주변에 있는 누군가가 어려운 상황에 처해도 누구 하나 도와주지 않는 경우가 많다. 예를 들어 길을 가던 노인이 갑자기 쓰러져도 누구 하나 선뜻 나서서 살펴보는 사람이 없다. 중국 유학생활이나 중국에서 주재원 생활을 해본 사람들은 다 공감할 것이다. 그만큼 중국인의 무관심한 모습을 흔하게 볼 수 있기 때문이다.

우리 입장에서는 매정하게 보이기도 하고, 좀 무서운 기분이 들때도 있다. 하지만 이 또한 중국인에 대해 쉽게 가질 수 있는 오해다. 위험에 빠진 사람에 대해서 관심이 없어서 못 본 척 하는 것이 아니다. 도와주고 싶어도 못 도와주는 중요한 이유가 있다.

가장 큰 이유는 꽌시다. 중국인은 상대가 자신과 얼마나 친분이 있는지, 어떤 이해관계로 얽혀 있는지에 따라 다르게 대응한다는 사실을 기억하자. 중국인의 입장에서 보면 나와 특별한 꽌시 관계에 묶인 사람이 어려움에 빠졌을 때와 딱히 나와 아무 이해관계도 없는 기타사람을 똑같이 도와줄 이유는 없다.

1962년 인민해방군에서 근무하던 레이펑(雷鋒)이라는 군인이 스물둘의 젊은 나이에 교통사고로 사망했다. 그런데 장군도 아니고 사병에 불과했던 그의 장례식에 10만 명 넘는 사람이 참석해 마지막 가는 길을 지켜주었다. 그는 평범한 군인이 아닌 중국 인민 영웅이기 때문이었다. "좋은 사람은 어떤 보답도 바라지 않고 좋은 일을 한다"는 뜻의 고사성어 호인호사(好人好事)라는 호칭이 그의 이름에 붙었다. 맹자가 말한 측은지심(惻隱之心)을 행동에 옮긴 사람이다.

레이펑의 위상이 얼마나 대단한지는 교과서를 보면 실감할 수 있다. 그의 이야기는 1963년부터 현재까지 초등학교 국어(語文)와 도덕(思想品德 道德與法制) 교과서에 실려 어린이가 본받아야 할 모범으로 소개된다. 당연히 그에 관한 영화와 드라마도 만들어졌고 책도 발간되었다. 그를 기리는 우표가 발행됐으며 동상도 세워졌다. 그의 고향인 후난성 장사시와 그의 근무지였던 요녕성 무순시에는 기념관이 들어섰는데, 중국 학생들은 이곳에 한 번씩은 꼭 방문한다. 이뿐만이 아니다. 중국의 모든 관광지 매표소 건물 벽에는 "레이펑을 본받자(学习雷鋒好榜样)"라는 글귀를 적은 안내판이 있다.

그는 도대체 어떤 일을 했기에 이런 대접을 받는 것일까. 레이펑이 한 일은 사실 대단한 게 아니다. 군부대가 주둔하던 마을에 사는 노인 집에 가서 음식을 나누어 먹었다거나, 동료가 어려운 일이 생기면 적극적으로 나서서 도와주었다는 것 정도다. 일상생활 중 생기는 소소한 에피소드 수준이다. 그렇다면 레이펑은 어떻게 인민 영웅이 된 것일까?

중화인민공화국이 건국되기까지 백여 년 동안 중국은 몹시 혼란스러웠다. 어진 마음을 가지고 섣불리 행동하기보다는 내 목숨을 귀하게 여겨야 했다. 그래서 1949년 중국을 통일한 중화인민공화국 입장에서는 팍팍해진 중국인들의 마음을 어루만지는 일이 중요했다. 국가 책임자는 '전쟁 기간 동안 남보다 나를 먼저 챙기는 데 익숙해진 이들이 어떻게 하면 서로 배려하고 도와주며 살아가게 될까'를 열심히 고민했을 것이다.

그저 착한 군인이었던 레이펑이 인민 영웅으로 추대된 사연이다. 한마디로 만들어진 영웅이다. 물론 정치적 의도로 영웅을 만들어 이용했다면 문제가 있겠지만, 이 경우는 서로 도우며 살아가자는 의식을 고취하기 위한 목적이었으니 국가가 '착한 거짓말'을 한 것 정도로 이해할 수 있겠다.

지금도 중국 인터넷에는 그에게 인민 영웅 자격이 없다는 내용의 글이 많이 올라오곤 한다. 그를 영웅으로 부르는 이들조차 그의 업적을 늘어놓기보다는 그가 남을 많이 도와준 착한 품성의 젊은이가 확실하다는 식으로 이야기할 뿐이다. 그러면서 어느 시대나 본보기로 삼아야 할 대상이 필요하며 레이펑은 선한 마음을 가지고 살았기 때문에 충분히 인민 영웅이 될 자격이 있다는 것이다.

2009년 9월, 중국 건국 60주년을 맞아 건국 이후 각 분야에서 중국을 빛낸 100명(100位新中國成立以來感動中國人物)이 선정되었다. 여기에도 레이펑의 이름이 포함된다. 레이펑을 모르는 중국인은 없다. 하지만 중국인이 제2의 레이펑이 되기 위해서는 넘어야 할 고비가 있다.

도와준 잘못

레이펑이 중국을 빛낸 인물로 선정되고 두 달이 지난 2009년 11월 중국 충칭시에서 일어난 일이다. 중학교 2학년 학생이 길에 쓰러져 있는 노인을 발견하고, 학교에서 배운 인민 영웅 레이펑처럼 노인을 도와서 일으켜 세워 준다. 그런데 길에서 일어난 노인은 학생에게 도와줘서 고맙다고 말하기는커녕, 학생이 자신을 밀어서 넘어져 다쳤다며 학생 부모에게 배상을 요구하는 소송을 제기한다. 결국, 중학교 2학년 학생과 부모는 피고로 법정에 선다. 다행히 주변에 있던 사람들이 증언을 해줘 학생 부모가 배상하지 않는 것으로 사건은 해결된다.

중국에서 이 사건이 언론에 소개되자 사회적으로 큰 파문이 일어났다. 이 사건을 소개한 언론 기사 제목은 '"레이펑을 본받아 노인을 도와주었는데, 이게 잘못된 건가요?"라고 묻는 학생에게 뭐라고 대답해야 하나'였다.

시간이 지나 2010년 말, 중국 푸지엔성 복주시에서 다른 사건이 발생한다. 여든 먹은 노인이 갑자기 길에 쓰러졌다. 주위에 사람이 많았지만, 누구도 노인을 도와주지 않았다. 다행히 어느 젊은 여성이 황급히 노인에게 다가가 안색을 살폈고, 그 노인에게 가지고 다니는 구급약이 있는지 물어보았다. 하지만 주위에 있던 사람들은 여성을 만류했다. 여성은 결국 노인에게 아무런 도움을 줄 수 없었다. 이 노인은 끝내 길에서 사망하고 만다.

사실 중국에서 이런 사건은 흔하다. 중국에서는 이런 사건을 '펑츠(碰瓷)'라고 한다. 중국 포털 사이트 바이두에서 '펑츠'를 검색하면, 6천만 건이 넘는 펑츠 관련 정보가 나온다. 그만큼 펑츠는 중국에서 자주 발생한다. 중국 틱톡(짧은 동영상 플랫폼) '더우인'에는 펑츠 모음 동영상이 있다. 또 매일매일 새로운 펑츠 관련 동영상이 업데이트된다.

펑츠라는 단어는 한국어로 번역하기 쉽지 않다. 중국어 글자를 풀어 설명하자면, 펑츠의 '펑(碰)'은 '부딪혀 깨진다'라는 뜻이고 '츠(瓷)'는 '도자기'를 의미한다. '도자기가 부딪쳐 깨진다'는 의미다. 그러니까 길에 쓰러진 노인이 사실은 아픈 척을 했을 뿐이고, 누가 도와주기를 바라고 있다가 저 사람이 밀어서 쓰러진 것이라며 병원비를 요구할 때 이를 중국인은 펑츠라고 부른다.

2015년 7월 중국 쓰촨성에서 이런 펑츠 사건이 일어났다. 노인이 자전거를 타고 도로를 건너다 넘어졌다. 다행히 자전거를 타고 주위를 지나던 학생이 급히 자전거에서 내려 노인에게 다가가 다치지 않았는지 물어보았다. 하지만 노인은 학생 자전거에 부딪혀 넘어졌다며 학생에게 배상을 요구했다. 다행히 주변에서 상황을 지켜본 사람들이 노인을 나무라서 노인은 아무 말 없이 가던 길을 갔다.

상황이 이렇게 되자 펑츠를 당하지 않는 방법이 인터넷에 퍼진다. 노인이 길에 쓰러져 다쳐서 아무리 위급한 상황이라도 노인을 돕기 전에 먼저 자신의 선행을 증명해 줄 CCTV가 주변에 있는지 그리고 주위에 자신의 선행을 진술해 줄 다른 사람이 있는지를 반드시 확인한 후에 도와주어야 한다는 것이다. 중국에서는 코미디를 소품(小品)이라고 하는데 중국 텔레비전 코미디 프로그램에서 이런 노인 펑츠를 소재로 시청자에게 웃음을 주기도 한다. 아마도 시청자는 펑츠 코미디를 보며 서글픈 웃음을 지을 것이다.

중국 위생국이 발표한『실족 노인 대응 지침(老年人跌倒干預科技指南)에 의하면 65세 이상 노인이 상해로 사망하는 원인 중 실족으로 인한 것이 첫 번째라고 한다. 그러니까 차 사고로 죽는 경우보다 길에 쓰러져서 죽는 경우가 더 많다는 것이다. 그만큼 길에서 쓰러져 죽는 노인이 많지만, 주위 사람들은 돕고 싶어도 펑츠를 당할까 봐 함부로 돕지 못하는 상황이 벌어진다. 이러한 상황을 타개하기 위해 이런저런 방법이 시도되었지만 별 효과가 없었다.

그러던 차에 중국 알리바바 그룹 회장 마윈(馬雲)이 한국인 사고방식으로는 도저히 생각할 수 없는 해결책을 꺼낸다. 2015년 10월부터 마윈은 '노인 도와주기 보험'을 만들어 팔았다. 노인 도와주기 보험은 2019년까지 판매되었다.

3위안(한국 돈 500원가량)을 내고 보험에 가입한 후 노인을 도와주다가 펑츠를 당하면 변호사비를 포함한 법률 소송 비용을 2만위안(한국 돈 340만 원가량)까지 보상해 준다. 그러니까 이 보험에 가입하면 펑츠를 당할 염려 없이 안심하고 노인을 도와줄 수 있다는 것이다. 이런 문제를 보험이라는 금융상품으로 해결하겠다는 시도는 대단하다고 생각되지만, 보험에 가입하면서까지 남을 도와야 하는지 의문이 든다. 과연 앞으로 중국이 어떻게 이 문제를 해결할지 궁금하다.

또 다른 무관심, 무반응

남을 잘 돕지 않는 무관심만큼 흔한, 그렇지만 한국인은 잘 모르는 중국인의 또 다른 무관심이 있다. 자신의 의견을 밝히지 않는 무관심, 즉 무반응이다. 예를 들어 회의를 할 때, 중국사람은 대부분 다른 사람의 말을 듣기만 하지 자신의 의견을 말하지는 않는다. 그래서 한국사람들은 중국사람들의 속마음을 도무지 알 수 없다고 하면서 의뭉스럽다고 한다.

『증광현문』의 한 구절을 보자.

보아도 못 본 척하고 (見事莫說)

물어보면 모른다고 하고 (問事不知)

절대로 남에게 관여치 말고 (閒事莫管)

일이 없으면 어서 귀가해라 (無事早歸)

어떤 일을 목격해도 못 보았다고 하고, 알고 있어도 물어보면 모른다고 하고, 남의 일에 관심을 가질 시간이 있으면 차라리 빨리 집에 가서 자는 게 좋다는 의미다. 세상일은 언제 변할지 모르니, 함부로 이것이 맞고 저것이 그르다고 말하지 말라는 것이다. 오늘 옳은 것이 내일 옳지 않은 것이 될 수 있고, 오늘 틀린 것이 내일 옳은 것이 될 수 있다는 의미다.

특히 위 구절의 세 번째 행에 나오는 '한사휴관(閒事休管.『증광현문』에서는 작가가 休를 莫로 고쳐서 사용했다)'이라는 사자성어의 유래가 재미있다. 고대 중국에는 고양이가 없었기 때문에 집에서 키우는 개가 쥐를 잡았다. 그러다가 한나라 시대에 고양이가 인도에서 중국으로 전래된 후부터 비로소 중국에서도 고양이가 쥐를 잡기 시작했다. 그래서 집에서 기르던 개가 할 일이 없어졌는데, 빈둥거리던 개가 옛날 버릇대로 쥐를 잡자 개 주인이 "쓸데없는 짓을 벌일 정도로 할 일이 없다"며 개를 잡아먹었다고 한다. 이 이야기 속 개처럼 불필요한 일에 나섰다가 낭패당하지 말고 할 일이 없으면 집에 돌아가 쉬는 게 낫다는 결론이다. 그러니 나와 이해관계가 없는 일에는 절대로 관여하지 말고 무관심하게 지켜만 보라는 것이다.

중국인은 한 사람이 혼자서 하는 판단에는 잘못이 있을 수 있으나, 대다수 사람들의 판단에는 잘못이 없다고 믿는 경향이 있다. 중국에는 "많은 사람을 화나게 할 필요는 없다", "법도 많은 사람이 잘못하면 책망하지 않는다"는 속담이 있다. 즉, 내가 어떤 판단을 할 때, 나 자신의 의견으로 판단하기보다는 많은 사람들이 판단하는 쪽으로 판단하면 안전하다는 것이다. 모든 사람이 잘못 판단하면, 사실은 그 판단이 틀렸을지라도, 옳은 판단으로 변하는 경우까지 있기 때문이다.

그래서 중국인은 어떤 상황에 직면하여 자신의 의견을 밝혀야 하는 경우, 자신의 생각보다는 주위 사람들이 어떻게 생각하는지를 중요하게 여긴다. 그래서 많은 사람이 옳다고 생각하는 쪽이 옳다고 여긴다. 설혹 자신의 판단으로는 옳지 않다고 생각할지라도, 많은 사람이 옳다고 하면 옳다고 판단해 버리는 것이다.

많은 사람이 판단하는 대로 따르는 것을 대중심리라고 한다. 한국 사전에서는 대중심리를, 많은 사람이 모였을 때 자제력을 잃고 쉽사리 흥분하거나 다른 사람의 언동에 따라 움직이는 일시적이고 특수한 심리 상태라고 한다. 즉 자신의 이성으로 생각하지 않고 주위의 분위기에 따라 감정적으로 움직인다는 것이다.

중국인은 대중심리라는 말을 사용하지 않는다. 그 대신 한국 대중심리와 비슷한 종중심리(從衆心理)라는 단어를 사용한다. 글자 그대로 해석하면 '군중의 의견을 따르는 심리'라는 의미다. 이렇게 해석하면 한국의 대중심리와 별반 차이가 없다.

하지만 중국 사전에서 정의한 단어 개념은 한국의 대중심리와 전혀 다르다. 중국 사전에서 종중심리는 개인이 군중의 영향과 압박을 받아 자신의 생각을 포기하거나, 자신의 관점과 신념에 어긋나게 자신의 생각을 많은 사람의 생각에 일치시키는 것이라고 한다.

한국어로 표현하면 '대세에 따른다'는 표현에 가깝다. 그러니까 한국의 대중심리는 자신도 모르는 사이에 대중의 판단에 따르는 것이고, 중국의 종중심리는 자신의 생각과 대중의 생각이 다르다는 사실을 분명히 인식하면서도, 대중의 생각이 옳다고 그 상황을 인정하고 수용하는 것이다.

그래서 중국인은 주변 사람들의 의견이 자신과 다르더라도 이론적으로 반박하거나, 적극적으로 나서서 틀렸다고 말하지 않는다. 밖으로는 동의하는 것처럼 말하지만, 사실은 무관심하게 내버려 두는 것이다. 『증광현문』에는 이런 글귀도 있다. "옳고 그름을 말하는 사람이 결국 시빗거리를 자초하는 사람이다(來說是非者

便是是非人).” 그러니까 내가 주위 사람 누군가에게 어떤 것이 좋다, 나쁘다고 말하거나, 혹은 어떤 결정에 대해 옳다 그르다, 혹은 맞다 틀리다 내 생각을 말하는 것은 결국 나에게 시빗거리를 자초하는 일이라는 것이다.

그래서 중국인이 긍정적인 단어로 상대방의 의견에 동의를 표하더라도, 그대로 받아들이면 안 된다. 표면적으로 사용하는 단어는 분명히 긍정적인 뜻을 포함하고 있지만, 그 단어의 이면에 숨겨져 있는 중국인의 생각은 전혀 다를 수 있기 때문이다.

공자와 루쉰의 역전

중국인이 주위의 일에 무반응으로 대응하는 것이 옳다고 생각하게 하는 사례를 소개한다. 중국에서 서양과 일본 제국주의를 몰아내고 청나라 전제주의를 끝내고 공화정을 세우려는 5·4운동(1919년) 시기, 유학은 ‘공자를 넘어뜨리자(打倒孔家店)’라는 운동으로 중국에서 없애야 할 사상이라며 핍박받는다.

루쉰(1881～1936)은 소설 『아Q정전』과 『광인일기』로 유명하다. 『아Q정전』이 중국사람 개개인의 성격을 비판한 소설이라면 『광인일기』는 중국 유학 사상을 비판한 소설이다. 루쉰은 소설 『광인일기』(1918년)에서, 유학 사상은 정신적으로 사람을 잡아먹는 식인종이라고 표현한다. 여기서 식인종으로 표현한 유학 사상은 중국의 낡은 사회, 그중에서도 사회 계급 구조와 가족제도를 지탱하는 유학의 도덕적 위선을 말한다.

그래서 후에 유학 사상을 부정하고 없애려고 한 마오쩌둥은 문화혁명의 이론적 기반을 루쉰의 소설에서 찾았다. 마오쩌둥은 루쉰을 평하면서 "루쉰은 중국 문화혁명의 최선봉 장수였으며, 위대한 문학가, 위대한 사상가, 위대한 혁명가다."라고 했다. 그러면서 "루쉰이 말하는 방향이 바로 중국이 앞으로 나아갈 방향이다."라고까지 말했다.

문화혁명(1966~1976)을 일으킨 마오쩌둥은 공산주의 사상을 제외한 기존의 사상과 제도를 모두 부정했는데, 그 첫 번째 대상이 공자의 유학이었다. 그래서 유학 사상을 부정하는 방법으로 유학을 상징하는 구조물을 파괴했다. 문화혁명 시기, 행동대원이라고 할 수 있는 홍위병은 중국 곡부시 공자 기념관 공묘에 있는 건물과 비석을 파괴했다. 또 공자의 무덤이 파헤쳐지기도 했다. 그래서 현재 공묘에서 볼 수 있는 비석은 깨진 돌덩이를 다시 붙여 놓거나, 철사로 묶어 놓은 것이다.

루쉰의 소설 『아Q정전』과 『광인일기』는 중국 초·중등학교 교과서에도 실렸다. 그래서 그동안 중국 학생들은 루쉰의 유학 비판 내용을 공부했다. 하지만 2013년 중국 정부는 공자의 유학 사상을 이용하여 사회주의 핵심 가치관을 실천하고 교육하는 정책을 실시하며 공자학당을 만들기 시작했다.

한국에도 공자학당과 공자학원이 있기에, 한국인도 중국이 공자를 '띄우고' 있다는 사실을 알고 있다. 중국 정부가 다른 나라에 중국어를 보급하고 중국 문화를 소개하려는 목적으로 공자학당을 만들었다면 중국 국내에는 공자학당을 만들 필요가 없다. 그런데 외국에 세운 공자학당보다 중국 국내에 세운 공자학당이 더 많다. 공자학당은 2019년 현재 중국 외 나라에서 530여 개, 중국 내 2,000여 개로 확장되어 다른 나라 사람에게는 공자의 사상을 알리고, 중국인에게는 유학 사상을 실천하라고 교육하고 있다.

공자학당의 목표는 공자의 사상을 국민 도덕으로 삼아 중국 사회주의 핵심 가치를 실현해서 신시대를 완성하는 것이다. 최근 들어서는 공자학당뿐만 아니라, 학교, 공공건물, 심지어 호텔 입구에도 공자 동상을 세우고 있다. 특히 중국의 모든 공식 교육기관에는 공자 동상이 있다. 그래서 아마도 어린이가 처음으로 초등학교에 가서 알게 되는 인물이 중화인민공화국을 건국한 마오쩌둥이 아니라 공자일 것으로 짐작된다.

이러다 보니 중국에서 루쉰의 위치가 살짝 애매해지기 시작했다. 그래서 학생들이 배우는 교과서에서 공자의 사상을 소개하는 내용은 늘어나는데, 루쉰의 유학 비판 소설을 소개하는 내용은 점점 줄어들고 있다.

중국에서 공자는 100년 만에 다시 살아나고 있다. 반대로 공자를 비판한 루쉰은 100년 동안 반짝하다가 지금은 중국 교과서에서 점차 사라지고 있다. 그러니까 지금 중국에서는 공자와 루쉰의 위치가 역전되는 중이다.

증광현문에는 "운이 다하면 금도 쇳덩어리로 바뀌고, 세월이 흐르면 쇳덩어리도 금으로 변한다(運去金成鐵 時來鐵似金)"는 구절이 있다. 그러니까 지금 옳다고 하는 것이 영원히 옳은 것이 아니고, 지금 틀린 것이 영원히 틀린 것이 아니라는 의미다. 세상에 영원한 것은 없다.

4장 사회주의 시장경제

세상 어디에나 말을 맬 말뚝 나무가 있고(處處綠楊堪系馬)
세상 누구나 장안에 이르는 길을 알고 있다(家家有路透長安)

한국인은 최근 중국의 시장경제 발전을 지켜보면서, 중국이 공산주의인지 자본주의인지 알 수 없다고 한다. 중국 헌법 15조를 보면 "사회주의 시장경제를 실시한다."라고 명시하고 있다. 그런데 중국 공산당의 헌법이라고 할 수 있는 '당장(黨章)'에는 마르크스레닌주의를 행동 지침으로 한다고 명시하고 있다. 마르크스레닌주의라는 사회주의 국가 중심 경제 구조이지만 시장경제를 실시한다는 것이다. 일면 모순되게 보인다. 하지만 공영 기업의 생산 비중이 큰 서구 자본주의 국가도 이론적으로 완전한 시장경제라고 부르기에는 애매한 부분이 있다.

『증광현문』에는 "세상 어디에나 말을 맬 말뚝 나무가 있고, 세상 누구나 장안에 이르는 길을 알고 있다"는 글귀가 있다. 세상에는 여러 가지 방법이 있으니, 그 중에서 가장 필요한 것을 골라 내가 원하는 목표를 이루면 된다는 것이다. 모든 사람이 다 잘 먹고 잘살게 하려는 목표를 이루기 위해 사용하지 못할 방법은 없다는 의미다.

모바일 결제의 일상화

중국에서는 일상생활에서 현금을 사용하는 일이 점점 줄고 있다. 중국에서 생활하고 있는 나도, 어떤 때는 한 달 내내 현금을 한 번도 사용하지 않는 경우도 있다. 한국 언론 매체는 중국에 아직 신용카드 사용이 활성화되지 않아서 모바일 결제 시스템이 활성화되었다고 한다. 하지만 이런 이유로만 중국에서 핸드폰 결제가 일상화된 건 아니다. 더 중요한 이유는 핸드폰 결제 시스템을 이용하면 수수료가 들지 않기 때문이다. 소비자의 송금 수수료도 사업자의 가맹점 수수료도 없다.

중국에서 모바일 앱 결제 시스템이 일상화된 이유를 상품 구매자(소비자)와 상품 판매자(사업자) 입장에서 살펴보겠다. 모바일 결제란 핸드폰 앱을 이용하여 온라인과 오프라인에서 결제하는 방식을 말한다. 한국에서도 온라인이나 오프라인에서 각종 '페이'로 결제하는 경우가 많다. 그런데 중국에서는 그 사용 범위가 훨씬 넓다. 그러니까 한국으로 치자면, 초등학생이 길가 노점상에서 떡볶이나 어묵을 사 먹으면서, 혹은 시골 장터에서 할머니가 농사지은 시금치 한 단을 팔면서, 팔고 사는 사람이 핸드폰을 사용하여 결제한다는 것이다. 중국인 중 약 10억 명이 핸드폰 웨이신(微信) 앱을 사용한다. 중국 정부 통계에 따르면 중국 인구가 14억 명이니, 아주 어린 아기나 아주 나이 많은 노인을 제외하면 거의 모든 중국인이 이 앱을 사용한다고 봐야 한다.

핸드폰에 웨이신 앱을 설치하고 가입하면, 핸드폰 유심 카드에 저장된 전화번호와 연결된 돈지갑(錢包. 치앤빠오)이 자동으로 만들어진다. 그리고 이 돈지갑에서 돈을 빼서 사용하는 것을 웨이신즈푸(微信支付), 웨이신페이(微信pay), 위챗페이(wechatpay)라고 하는데, 이 글에서는 웨이신페이라고 지칭해 설명하겠다. 그러니까 핸드폰에 웨이신페이라는 자신의 금융 계정이 생긴 것이다. 직접 농사지은 채소를 파는 할머니는 시금치 한 단을 사는 손님에게 핸드폰에 있는 자신의 돈지갑 웨이신페이 QR 코드를 보여주기만 하면 된다. 손님은 핸드폰으로 할머니 QR 코드를 스캔하여 할머니 돈지갑으로 자신의 웨이신머니를 지급하면 된다. 손님 한 사람 한 사람 모두에게 핸드폰으로 QR 코드를 보여주기 번잡하면, 자신의 QR 코드를 프린트하여 시금치 옆에 놓아두기만 하면 된다.

중국에서는 은행 계좌를 웨이신페이에 연결하는 것을 귀속(綁定)이라고 하는데, 절차가 간단하다. 계좌번호와 비밀번호만 있으면 중국에 있는 전국 규모 은행의 어떤 통장도 귀속할 수 있다.

웨이신페이에 계좌를 연결하기만, 하면, 웨이신페이 돈지갑에 잔액이 없어도, 은행 통장 잔액을 사용하여 바로 상품 대금 지급, 송금(웨이신페이 계정 간)이 가능하다. 수수료가 없기 때문에, 사용자는 송금 수수료가 발생하는 은행 계정보다는 웨이신페이를 이용하는 것이 이익이다. 2021년 현재 중국에서는 은행 간 송금수수료도 없다. 돈지갑에 잔액이 많아, 자신의 은행 통장으로 송금

하려고 할 때는 인출(提現) 기능을 이용하여 이체할 수도 있다. 이 경우에는 중국 돈 2만 위안(한국 돈 350만 원)까지는 수수료가 없으나, 2만 위안을 초과할 때는 0.1%의 수수료가 든다(2021년 알리페이 기준).

은행 통장이 없는 초등학생은 부모에게서 용돈을 현금이 아니라 웨이신머니로 받기도 하는데, 부모의 핸드폰으로 핸드폰으로 어린이 핸드폰에 있는 웨이신페이 QR 코드를 스캔하여 송금하면 된다.

상품 판매자(사업자) 입장에서는 상품 판매 대금 수납 수단이 편리한 것도 중요하지만, 더 중요한 것은 자신의 이익을 극대화할 수 있어야 하는 것이다. 한국에서 사업자가 카드 결제보다는 현금 결제를 선호하는 것과 같다.

중국에서 상품이나 용역을 판매하는 사업자는 알리페이나 웨이신페이 앱을 이용해 판매 대금을 수납하면 수수료가 발생하지 않는다. 그래서 신용카드 가맹점에 가입(POS 시스템 설치)한 사업자도 수수료가 없는 알리페이나 웨이신페이로 수납하기를 선호한다. 그래서 길거리 고구마 장수에서부터 중소규모 사업자까지 일반 사업자는 대부분 위와 같은 방법으로 판매 대금을 수납한다. 하지만 규모가 크고 손님이 많은 사업자는 핸드폰 QR 코드로 수납하기가 번거롭다.

손님이 많은 대형 마트의 경우를 예로 들어 보자. 손님이 물건을 산 후 계산대로 가면, 마트 직원이 물건값을 계산하고 금액이 얼마인지 알려준다. 그러면 손님은 계산대에 있는 마트의 QR 코드를 스캔하고 마트 직원이 알려준 금액을 입력하여 핸드폰으로 결제하면 다시 마트 직원이 결제 금액을 확인해야 한다. 그러니까 마트 계산대 직원이 판매 대금을 수납하는 행위를 하는 것이 아니라 손님이 구매 대금을 지급하는 행위를 하는 것이다. 손님이 많을 경우, 시간이 오래 걸리는 QR코드 스캔 방식은 썩 좋은 방법이 아니다. 그래서 대형 마트나 호텔 등 규모가 큰 사업장은 알리페이나 웨이신페이 결제용 POS 시스템을 설치한다. 모바일 POS 시스템으로 결제하는 방법은 신용카드로 결제하는 것처럼 간단하다. 다른 점은 손님이 계산대 직원에게 신용카드를 주는 것이 아니라 손님이 자신의 핸드폰으로 알리페이나 웨이신페이 바코드를 보여주고 계산대 직원이 POS 리더기로 스캔하면 결제가 완료된다는 것이다.

알리페이나 웨이신페이 회사는 결제용 POS 시스템을 사용하는 사업자에게 사용 수수료를 받는다. 마치 한국 사업자가 카드 가맹점에 가입하고 가맹점 수수료를 내는 것과 같다. 그러니까 중국에서는 (한국으로 비유하면) 규모가 작은 중소 규모 사업자는 수수료가 없는 QR 코드 스캔 결제 방식을 이용해 판매 대금을 수납하고, 규모가 큰 사업자는 모바일 POS 시스템을 설치하고 수수료를 내고 바코드 스캔 결제 방식을 사용하는 것이다.

2017년 기준 중국 알리페이와 웨이신페이 POS 시스템 사용 수수료는 0.6%이다. 참고로 2019년 기준 한국 체크카드 수수료는 우대가맹점(매출액 30억 이하)은 0.5%에서 1.3%이고, 일반 가맹점(매출액 30억 초과)은 1.45%이다.

대신 알리페이 회사는 알리페이 POS 시스템을 설치하고 수수료를 내는 사업자에게 사업장을 이용한 고객들의 성별, 연령대, 위치, 구매 금액, 방문 주기, 소비 성향 등에 관한 빅데이터 자료를 무료로 제공한다. 알리페이 회사는 온라인 쇼핑몰 알리바바와 타오바오를 운영하며 축적된 고객 정보가 방대하다. 그래서 알리페이 회사가 사업자에게 제공하는 고객 빅데이터 자료는 사업자가 자체적으로 모은 고객 자료보다 정확하고 유용하다.

웨이신페이 회사는 웨이신이라는 메신저 플랫폼을 운영하기 때문에, 어린이와 노인을 포함한 중국인 대부분이 사용하여 통용성이 좋다.

공산주의와 사회주의

중국은 공산주의 경제 체제일까 자본주의 경제 체제일까? 중국은 공산당이 정권을 잡고 있다. '공산당'이라는 당명에서 알 수 있듯이 중국 공산당은 공산주의 사회 실현을 목표로 한다. 공산주의는 사유재산제도를 부정하고 공유재산제도를 실현하여 빈부 차이가 없는 세상을 이루겠다는 사상이다. 하지만 이론적인 공산주의는 갑자기 이루어지지 않기 때문에, 그 과정에서 개인 능력으로 일하고 노동으로 분배받는 과도기적인 사회주의가 필요하다고 한다. 그래서 중국을 사회주의 국가라고 한다.

그럼 자본주의와 사회주의 차이는 무엇일까? 자본주의는 사유재산 제도를 인정하고, 노동 근로자가 근로 계약의 주체가 되며, 분권적 경제 주체(가계, 기업)에 의해서 자원의 투자와 분배가 이루어지는 사회다. 이윤을 추구하는 기업과 효율적으로 소비하는 가계가 자원의 투자와 분배를 결정하는 경제 구조를 가진 사회가 자본주의다. 즉 기업이 자신의 선택으로 생산하고 가계가 자신의 선택으로 소비하면 '보이지 않는 손'에 의해 시장에서 합리적으로 재화와 용역이 생산되고 분배된다는 것이다. 이론적인 자본주의에서는 경제 부분에서 국가가 해야 할 역할이 없다. 그래서 자본주의는 시장경제다.

사회주의는 자원의 투자와 분배를 국가가 결정하는 경제 구조다. 이론적인 사회주의에서는 국가가 모든 재화와 용역을 생산하고 분배한다. 기업이 재화와 용역을 생산한다고 하더라도 국가의 통제를 받는 국영 기업이 담당한다. 그래서 사회주의는 국가계획경제다.

결론적으로, 자원의 투자와 분배 측면에서 자본주의와 사회주의는 그 사회의 경제 주체가 기업과 소비자로 구성된 시장인지 아니면 국가인지에 따라 구분할 수 있다. 현대의 많은 국가는 그 경제 체제가 자본주의이든 사회주의이든, 기업과 소비자, 그리고 국가가 동시에 경제 주체로 참여한다.

서유럽 자본주의 국가의 경우 공영 기업의 생산량 비중이 국민총생산(GNP)에서 50% 이상을 차지한다. 그래서 서유럽 자본주의 국가들은 헌법에 '자본주의'라는 용어를 사용하지 않고 대신 '자유시장경제'라는 용어를 사용한다. 한국도 마찬가지다.

그래서 현대의 모든 국가에서는 자본주의 경제 주체인 시장(가계, 기업)과 사회주의 경제 주체인 국가가 모두 경제 활동에 참여하고 있다고 보는 것이 맞다. 다만 국가가 경제 주체로서 경제 활동에 참여하는 비중이 얼마나 큰가 작은가에 따라, 자본주의에 가까운 시장경제인지 사회주의에 가까운 시장경제인지를 구분하는 게 합리적이지 않을까 생각한다.

중국식 시장경제

현재 중국은 시장경제를 도입한 후 세계 2위의 경제 대국이 되었다. 중국이 사회주의 체제를 유지하면서도 자본주의 시장경제 제도를 어떻게 운용하여 경제 대국이 되었는지, 그 이유를 알아보자.

1993년 덩샤오핑은 시장경제 도입을 발표하면서 "시장경제는 자본주의 사회에서만 존재할 수 있고 자본주의 시장경제만 있다는 견해는 옳지 않다. 사회주의 국가에서 왜 시장경제를 운용할 수 없다고 생각하는지 이해할 수 없다. 시장경제는 오랜 옛날 봉건시대부터 시작했던 것이기에 사회주의에서도 할 수 있다. 그래서 사회주의 국가에서의 시장경제를 자본주의라고 말할 수는 없다."라고 했다.

사실 따지고 보면 중국에서 시장경제는 이미 3천 년 전부터 있었다. 시장에서 장사하는 상인(商人)이라는 단어는 기원전 16세기 상 왕조부터 사용했던 단어다. 또 사마천이 기원전 91년에 쓴 역사서『사기』의 「화식열전」에서도 이미 수요와 공급에 따라 가격이 변동하는 시장경제 원리를 설명하고 있다. 자본주의 사상의 기본 이론인 인간의 본성에 이기심이 있다는 생각도, 현대 자본주의 사상을 만든 유럽보다 중국에서 먼저 나타났다.

앞에서 말한 것처럼 애덤 스미스가 빵집 사장과 정육점 사장을 예로 들며 이기심을 상업의 출발로 설명했다면, 그보다 2천 년을 먼저 살았던 한비자는 기원전 250년에 이미 비슷한 내용을 책으로 남겼다. 『한비자』에 의사가 입으로 환자의 상처에서 고름을 빨아내는 것은 환자를 불쌍히 여겨서가 아니라 병을 고쳐주고 사례를 받기 위해서라는 내용이 나온다는 것은 앞에서도 말했다. 그런데 『한비자』에는 이런 이야기도 나온다. 수레를 만드는 사람은 많은 사람이 빨리 부자가 되기를, 관을 만드는 사람은 많은 사람이 빨리 죽기를 바라는데, 이는 수레 제조업자가 인자하고 관 제조업자가 잔인해서가 아니라고 한다. 많은 사람이 부자가 돼야 수레를 많이 팔 수 있고, 많은 사람이 죽어야 관을 많이 팔 수 있기 때문이라는 것이다. 그러니까 중국 입장에서는 시장경제는 이미 오래전부터 중국에 있어 왔고, 다만 자본주의에서 자본 투자를 용이하게 하는 주식이라는 제도는 새로 받아들였다고도 할 수 있다.

중국 정부는 자신들의 경제 체제를 "사회주의 시장경제"라고 말한다. 그러면서 사회주의 시장경제란 사회주의의 기본 제도를 기초로 정부의 거시적인 조절 아래, 시장 메커니즘이 사회자원 배분에 기초적인 작용을 하는 경제 체제라고 정의한다. 그래서 중국에서는 사회주의 시장경제를 "사회주의 조건하의 시장경제", "사회주의를 위해 서비스하는 시장경제"라고 한다.

1990년 덩샤오핑은 상하이 방문 연설에서 "계획경제는 사회주의, 시장경제는 자본주의라고 생각하는 것은 잘못되었다. 모두 당면한 상황을 해결하는 수단일 뿐이다."라고 했다. 흰 고양이든 검은 고양이든 쥐를 잘 잡는 고양이가 좋은 고양이라는 의미다. 하지만 쥐를 다 잡고 나면 고양이 역시 쓸모가 없다. 중국에서 사회주의나 자본주의는 반드시 지켜야 할 이데올로기가 아니라, 맞닥뜨린 현재 상황을 해결하기 위한 일시적인 도구에 불과하다. 사회주의든 자본주의든 필요하면 언제든지 가져다 쓸 수 있고, 필요 없으면 언제든지 버릴 수도 있다.

중국에서 기업가의 위치

여불위(呂不韋)는 기원전 3세기 사람이다. 이 시기 중국은 전국시대 말기였다. 전국시대는 중국 대륙에서 일곱 개 나라가 서로 자신의 국가 발전을 위해 이웃나라와 경쟁해서 전쟁과 무역을 하는 불안정한 시대였다. 여불위는 일곱 개 나라 중 하나인 조나라에서 무역 기업가로 활동하며 부를 축적했다. 여불위는 조나라에서 생활하기는 했지만, 그는 이미 일곱 개 나라를 오가며 무역을 하는 국제적 기업가였다. 오늘날로 치면 세계에서 규모가 가장 큰 다국적 기업의 회장이었던 셈이다.

그는 많은 부를 가졌지만, 기업가라면 누구나 그렇듯이 더 많은 돈을 위해 항상 새로운 사업 아이템에 눈독을 들이고 있었다. 또 자신이 이미 축적한 부를 안전하게 보호해 줄 정치 세력도 필요했을 것이다. 그때 마침 여불위가 생각하는 이상적인 사업 아이템이 나타났다. 그는 이번 사업 아이템은 성공만 하면 자신의 부를 수백 배 이상 불릴 수 있을 뿐만 아니라, 정치 권력을 이용하여 대대

손손 안전하게 지킬 수 있다고 생각했다. 그 사업 아이템이란 바로 그 당시 일곱 개 나라를 통일할 가능성이 가장 높다고 판단되는 진나라의 왕을 자신의 손으로 만드는 것이었다. 자신의 경제력으로 국가 최고 통치자를 만들고, 킹메이커인 자신이 선택하고 도와준 국가 통치자는 경제적 이권 사업을 보장해 주면서, 동시에 자신의 부를 안전하게 지켜주는 것이다. 성공만 하면 누이 좋고 매부 좋은 일이었다.

당시 여불위가 살던 조나라에는 진나라에서 보낸 인질, 진나라 왕자가 살고 있었다. 그 왕자 이름이 '자초'다. 사실 자초는 다른 나라에 인질로 보내질 만큼 진나라에서는 별 볼 일 없는 왕자였다. 그래서 여불위에게는 접근하기 쉬운 사업 아이템 대상이었다.

본인이 왕자이기는 하지만 왕이 될 확률이 거의 없는 자초 입장에서는, 자신을 왕으로 만들어 주겠다는 여불위가 더할 나위 없이 고마웠을 것이다. 이후 여불위는 자신의 경제력을 발휘하여, 자초를 결국 진나라의 다음 왕 자리가 보장되는 세자로 만든다. 당연히 이런 여불위가 고마운 자초는 자신이 왕이 되면 여불위가 원하는 모든 이익, 곧 권세와 돈을 주겠다고 약속한다.

여불위와 진시황제

여불위는 자신의 사업 파트너인 자초를 진나라 세자로 만든 후, 자초 다음 시대를 생각하게 된다. 자초가 진나라 왕이 되면 여불위는 당연히 권세와 돈을 보장받는다. 그런데 자초가 죽고 나면 누가 자신의 부를 지켜준단 말인가? 그래서 여불위는 자초 이후의 사업 아이템도 구상하게 된다. 지금 잘 나가고 있지만, 앞날을 위해 미래 먹거리도 준비하겠다는 것이다.

진시황제는 중국 전국시대 여섯 나라와 전쟁하여 중국 대륙을 최초로 통일했다. 그래서 그는 중국을 통일한 후 자신의 호칭을 '왕'에서 '황제'로 바꾸고, 자신의 이름을 통일 '진나라'를 처음으로 연 황제라는 의미로 '진시황제'라고 부르게 했다.

중국 공식 역사 기록에서는 진시황제의 아버지를 자초라고 한다. 그런데 사마천이 쓴 중국 역사책 『사기』에는 진시황제의 출생을 기록하면서 "조희가 아들을 낳았으니 이가 진시황제"이며 "여불위가 조희를 이미 임신시키고서 자초에게 주었다"고 한다.

여불위는 자신이 왕으로 만든 자초가 죽은 후에도 자초의 아들이 자신을 지켜줄지, 즉 계속해서 자신의 이권 사업을 보장해 주고 자신이 축적한 부를 보호해 줄지 염려됐다. 그래서 여불위는 자신이 데리고 있던 여자 무용수 '조희'를 자초에게 준다. 그런데 이때 자초에게 보낸 무용수 조희는 이미 여불위의 자식을 임신한 상태였다. 그래서 사마천은 『사기』에 조희가 낳은 아들이 진시황제가 되었는데, 진시황제는 자초의 아들이 아니고 여불위의 아들이라고 기록한 것이다. 그러니까 여불위는 자신의 현재 사업 아이템인 킹메이커 역할로 '자초'를 왕으로 만든 다음, 미래의 사업 아이템(미래의 먹거리)으로 자초 이후에 왕을 할 자초 아들을 자기 아들로 바꿔치기한 것이다. 영원히 자신의 부를 지키기 위해 킹메이커가 된 것으로도 불안하여 씨앗 도둑까지 했다.

진시황제와 중국의 통치자들

자신의 아버지가 경제력을 가진 여불위라는 킹메이커에 의해 왕이 되었고, 그 여불위가 자신의 진짜 아버지라는 사실을 알게 된 진시황제는 돈의 위력을 절감했을 것이다. 자신의 아버지가 경제력, 즉 자본의 힘에 의해 왕으로 만들어지고 그 덕분에 자신도 왕(황제)이 되었지만, 그의 입장에서는 경제력을 가진 세력은 경계해야 할 대상이다. 자본이라는 무기를 사용하여 자신을 황제 자리에서 밀어내고 다른 사람을 황제로 만들 수도 있는 힘을 가졌기 때문이다.

그래서 진시황제는 자신의 통치 기간 동안 철저히 상업을 억제하는 중농억상 정책을 실시한다. 나중에는 상업을 억제하는 수준을 넘어 상업을 금지하기도 했다. 진시황제는 사물의 가치를 나타내며, 교환을 매개하고, 재산 축적의 대상으로서 기능하는 돈이 영리를 위한 자본으로 변하는 순간, 자본 자체가 엄청난 힘을 가진다는 것을 이미 알고 있었던 것이다.

그런데 이런 사실은 한국인들도 이미 알고 있었다. 우리나라에서는 고려시대 말부터 '사농공상(士農工商)'이라는 단어를 사용했다. 사농공상이란 백성의 계급 순서를 표시하는 단어로 '사(士)'는 선비, '농(農)'은 농민, '공(工)'은 공업 종사자(오늘날의 직장인), '상(商)'은 재화와 용역을 생산 판매하는 기업가를 의미한다.

중국에서 사농공상이라는 말은 기원전 1000년경부터 사용되었다고 한다. 중국 『관자(管子)』라는 책에 처음으로 사농공상이라는 단어가 기록되어 있다. 이 책은 한국사람들이 친한 친구 사이를 말할 때 사용하는 사자성어 '관포지교(管鮑之交)'의 그 관중이 쓴 책이다. 그러니까 중국인은 3천 년 전부터 돈, 즉 자본이 가지는 경제력의 힘이 얼마나 큰지 알고 있었다는 것이다.

진시황제 이후 중국 통치자들은 누구나 상업을 억제하는 정책을 펼친다. 한나라 시대 한무제는 '염철전매(鹽鐵專賣)'라는 국영 기업 전매 사업을 실시하여 상업 종사자가 운영하던 철광산과 염전 사업을 국가 전매 사업으로 바꾸기도 한다. 또 상업 종사자의 경제력을 견제하기 위해 상인은 매년 재산의 6%를 세금으로 내게 하기도 했다.

덩샤오핑이 중국 정권을 장악했던 시절, 중국 군대는 수많은 산업체를 소유하고 있었다. 사회주의 국가 계획경제의 일환으로 국가 소속인 군대 역시 국영 기업을 운영했다. 1990년대 군대는 농업, 광업, 전자, 관광, 무기 수출업에 이르는 2만여 개가 넘는 기업을 거느리게 되었다.

중국 정부는 장교들이 군대 조직 내에서 기업체를 운영하는 것을 금지했다. 장교들이 국가 안보보다 돈을 버는 기업 활동에 더 큰 관심을 기울이는 상황을 우려한 것이다. 군대라는 무력과 돈이라는 경제력이 합치면 어떤 일이 생긴다는 사실을 알기에 미리 예방한 것이다.

최근 중국에서 유명한 기업 회장이 어려움을 겪는 일에 대해, 이는 중국이라는 국가가 공산주의 체제이기 때문이라는 의견도 있지만, 중국은 이미 3천 년 전부터 자본의 힘이 국가의 힘을 넘어서는 것을 용납하지 않았다.

중국의 경제 방향을 결정한 2021년 8대 중점정책 중에 "반독점 규제와 자본의 무질서한 확장을 금지"하는 정책이 있다. 구체적인 반독점규제 법률에 따라 지나친 자본의 확장을 억제하고 있는 것이다.

그런데 이렇게 반독점법으로 자본의 확장을 막는 정책은 서구에서도 이미 시행했고, 현재도 시행하고 있다. 미국의 반독점법 제제대상이었던 IBM은 1970년 하드웨어와 OS(소프트웨어)를 분리했고, AT&T는 1995~1996년 회사를 분할했다. MS도 1998~2001년 사업부 분리를 요구 받았지만 법원과 합의를 통해 해결했다.

2019년 미국 페이스북은 개인정보 침해로 50억 달러의 과징금을 부과받았으며, 2020년 인스타그램 역시 반독점 소송법을 피하기 위해 강제 분사를 포함한 해결책을 모색하고 있다. 2020년 구글도 미국 법무부로부터 반독점법 위반 혐의로 연방지방법원에 제소되었다.

사농공상고

사마천 역시 「화식열전」에서 이런 내용을 기록했다. 경제력이 어느 수준을 넘어가면 가만히 앉아서 먹고사는데, 이런 사람을 '소봉(素封)'이라고 한다. 소봉이란 국가 정치에 참여하지 않아 국가에서 받는 봉급은 없지만, 자신의 재산으로 많은 사람을 부리며 풍족하게 살아가는 사람이다. 그런데 사마천은 이런 소봉의 힘이 제후(왕)와 견주어 전혀 부족하지 않다고 한다. 왜냐하면 사람은 상대방이 자신보다 열 배 부자이면 그 사람에게 굴복하고, 백 배 부자이면 그를 두려워하고, 천 배면 그의 일을 해주고, 만 배면 하인이 되려고 하기 때문이라고 한다. 그러니까 경제력이 있는 사람은 그 경제력으로 쉽게 세를 형성할 수 있다는 것이다.

그래서 사마천은 「화식열전」에서 천 년 전에 만들어진 직업 순서 '사농공상'이라는 단어를 '사농공상고(士農工商賈)'로 고쳤다. 사농공까지는 '사농공상'과 같은데, 가장 아래가 상고(商賈)로 다르다. 상인을 의미하는 단어 '상고'에서 '상(商)'은 이러저리 돌아다니며 물건을 파는 행상이고, '고(賈)'는 한 장소에 가게를 내고 장사하는 상인이다. 그러니까 한 곳에 터 잡고 장사하는 상인은 재산이 많은 소봉으로서 경제력을 사용하여 세를 형성할 수 있으니 경계해야 한다는 것이다.

이것이 바로 중국이다

1991년 미국과 중국은 지식재산권 협상을 벌였다. 양국 대표는 거친 말로 인사를 대신했다. 먼저 미국 무역대표부 대표가 중국의 불법 복제를 겨냥해 한마디 했다. "우리는 좀도둑과 협상하러 왔습니다." 그러자 중국 대외경제무역 부부장이 맞받아쳤다. "우리는 지금 강도와 협상하고 있습니다."

1990년대 말 미국과 중국은 중국의 WTO(세계무역기구) 가입 문제로 협상을 벌였다. 미국이 중국에게, 미국에서 생산한 고기를 수입할 것을 요구했다. 중국이 육류 안전 검사가 필요하다고 했다. 그러자 미국 협상단은 중국 고기는 미국에서는 개도 안 먹는다며, 중국이 미국산 육류를 검사할 이유가 없다고 했다.

1994년 2월 중국 정부가 미국 마이크로소프트사 윈도 3.1을 수입금지 품목으로 지정했다. 표면적인 이유는 글자 입력 표준이 맞지 않기 때문이라 발표했지만, 실제로는 중국에 있는 컴퓨터에 미국 윈도를 설치하면 중국 정보가 미국에 누출될 수 있다는 우려 때문이었다.

2019년 5월 미국 정부는 중국 화웨이사에 대한 부품 수출 금지 조치를 취하고, 미국에서는 중국 화웨이사에서 생산한 5G 통신 장비를 사용하지 않겠다고 했다. 미국에 있는 통신 기지국에 중국 5G 통신 장비를 설치하면 미국 정보가 중국에 누출될 수 있다는 이유에서였다.

미국과 중국의 무역전쟁은 이미 1990년대부터 시작됐다. 미국과 무역 전쟁을 치르고 있는 중국은 미국에 효과적으로 대처하기 위해 이런저런 준비를 하고 있다. 상대방의 공격을 잘 방어하기 위해서는 상대방을 잘 알아야 한다. 그래야 상대방이 왜 나에게 싸움을 거는지 그 이유를 알 수 있고, 그러면 상대방을 쉽게 제압할 수 있다. 하지만 그보다 더 중요한 것은 자기 자신을 잘 알아야 한다는 것이다. 내가 처한 현재 상황이 어떻고, 또 나의 역량이 어느 정도 되는지를 정확하게 파악해야만 나에게 맞는 전략과 전술로 상대방의 도발에 대응할 수 있다.

이 절의 제목 '이것이 바로 중국이다'는 중국 동방위성텔레비전 방송국 대담 프로그램 '저지우스중구어(这就是中国)'의 제목이다. 매주 월요일 저녁에 방송하는 이 프로그램은 현재의 세계정세와 이런 상황에서 중국이 어떻게 대처해야 하는지를 강연 형식으로 방송한다. 프로그램 강연자로 자주 출연하는 장웨이웨이(張維爲)는 중국 푸단대학교 중국연구원 원장으로 중국의 현재 모습을 중국의 시각으로 이야기한다. 2019년 8월 5일 장웨이웨이 자신이 근무하는 푸단대학교에서 학생들에게 '중국의 평화적 굴기와 세계사적 의의'라는 제목으로 강의했다. 중국 정부의 입장을 학자가 대신 말하지 않았나 생각된다. 중국 각종 인터넷 매체에서 이 강의 동영상이 인기다.

강의에서 강연자는 30분에 걸쳐 다음과 같은 내용을 강의한다. 첫째, 현재의 중국은 어떤 모습인가, 둘째, 이런 현재의 중국 상황이 왜 서구 중심의 경제 체제와 마찰을 일으키는가, 셋째, 중국과 미국의 무역전쟁이 어떤 방향으로 진행될 것이며 어떻게 대처해야 하는가에 관해 설명한다. 그러니까 미국이 무역전쟁을 일으킨 목적이 무엇인지를 알아보고, 미국 중심의 자본주의 시장경제와 중국의 사회주의 시장경제의 차이점 그리고 그 차이에서 발생하는 문제점을 설명하고, 앞으로 무역전쟁의 결과가 어떻게 될지를 예측해 보는 강의다.

이 글에서는 중국이 생각하는 중국의 현재 경제 상황에 대한 강의 내용을 소개한다. 중국의 시각으로 중국의 현재 상황을 평가하기 때문에, 제삼자 입장에서는 객관적이라고 생각되지 않는 부분도 있다. 하지만 다양한 분야에서 중국과 접촉해야 하는 한국 입장에서는 중국의 생각과 의도를 알 수 있는 많은 단서를 제공한다.

첫째, 중국은 사회주의 국가로 평화적인 방법으로 경제 굴기를 이루었다. 중국은 80년대 초 사회주의 체제에 시장경제를 이식하여 불과 40여 년 만에 세계 경제 대국이 되었다. 세계 역사상 이렇게 짧은 시간에 경제 발전을 이루어내고 그 결과로 비록 수준 차이가 있더라도 어느 정도의 국민 복지를 이루어 낸 것은 대단한 일이다. 서방 세계 국가들은 1500년대부터 경제 굴기를 이루기 시작했는데, 이 과정에서 서방 국가들은 다른 나라와 전쟁을 일으켰다.

즉 식민지를 통한 제국주의 방법으로 경제 성장을 이루었다는 것이다. 1500년부터 1799년까지 스페인은 81%, 영국은 53%, 프랑스는 52%의 기간 동안 전쟁을 일으켜 자국민과 다른 나라 국민을 도탄에 빠지게 했다. 하지만 중국이 경제 발전을 이루는 과정은 전쟁을 통하지 않은 평화적인 방법이었다.

둘째, 세계는 제3차 산업혁명에서 4차 산업혁명으로 바뀌는 전환기이고, 4차 산업 시대 선두 그룹은 중국과 미국이다. 서방 국가들이 제1차, 제2차 산업혁명에 진입하는 시기, 중국은 역사적인 이유로 산업혁명에 동참할 수 없었다. 그래서 중국은 최근 40여 년 동안 제1차, 제2차, 제3차, 제4차 산업을 한꺼번에 이루어내야 했다. 1980년대부터 1990년대 초까지 경공업 중심의 제1차 산업을 일으켰다. 그 후 1990년부터 2000년대 초까지 전력, 석유화학, 기초설비 제2차 산업을 완성했다.

2000년대부터 정보, 통신 등의 제3차 산업을 시작했고, 현재 빅데이터, 인공지능 등의 제4차 산업 초입에 들어섰다. 데이터 통신으로 예를 들어보면, 중국에는 2G, 3G 표준이 없고, 4G에서야 자기 표준을 가질 수 있었다. 5G 기술에서는 세계에서 관련 특허를 가장 많이 보유한 선두 국가가 되었다. 세계에서 제4차 산업혁명의 기초가 되는 의미 있는 빅데이터를 보유한 국가는 중국과 미국이다. 제3차 산업혁명에서 4차 산업혁명으로 바뀌는 전환기인 현재, 빅데이터를 기반으로 하는 제4차 산업혁명 시대의 선두 그룹은 중국과 미국이다.

셋째, 중국은 기존의 서구 중심 경제 체제를 뛰어넘었다. 현재까지 세계 경제는 서구 선진국 국가를 중심으로, 이 중심부 외곽에 위치한 개발도상국들이 중심부 선진국의 경제 체제에 의존하는 형태로 진행됐다. 그 과정에서 중심 선진국은 자신들의 경제 체제에 속한 외곽 개발도상국의 부를 빼앗는 일이 발생했다. 그래서 개발도상국이 선진국으로 발돋움을 하기에는 구조적인 어려움이 있었다.

현재 세계 2위의 경제 대국 중국은 개발도상국에서 시작하여 중심부와 외곽부로 나누어진 서구 선진국 국가 중심 경제 체제의 국면을 넘어섰다. 그러니까 현재 중국은 서구 중심 경제 체제를 벗어나 새로운 경제 체제로 변화하는 상황에 진입했다. 이러한 국면에서 서구 중심 경제 체제의 중심에 위치한 국가들이, 이런 경제 체제를 벗어난 중국을 자신들의 경제 체제에 계속 의존시키려는 과정에서 마찰이 발생하고 있다.

장웨이웨이는 방송에서 이것이 중국과 미국 간 무역전쟁의 한 원인일 수 있다고 분석했다. 나는 이 프로그램을 보면서, 그 내용의 옳고 그름을 떠나, 미국과 무역전쟁을 치르는 중국이 자신들의 현재 모습과 상황을 정리하고 국민들에게 알리고 있다는 사실은, 무역전쟁에 대처하는 바람직한 모습이라고 생각했다.

5장 과거 그리고 권위와 인연

현재는 반드시 과거를 거울로 삼아야 하고(觀今宜鑒古)

과거가 없었다면 현재는 결코 없다(無古不成今)

『증광현문』 첫 번째 구절에 나오는 글귀다. 현재는 과거에서 시작되었기에 현재 당면한 일을 해결할 때는 반드시 과거에 일어난 일 중에서 비슷한 일을 찾아 참고해서 처리해야 한다는 의미다. 중국인은 일상대화에서 중국 역사와 문화에 대해 "중국 사상과 문화는 심오하고 깊다(博大精深)."라고 말한다. 덧붙여 원원유장(源遠流長)이라는 사자성어를 써서 "이렇게 심오하고 깊은 과거의 중국 사상과 문화가 지금까지 전해졌고 또 앞으로 오래오래 이어질 것이다."라고 말하기도 한다. 중국인은 현재는 과거와 반드시 연결되었고, 과거가 현재를 만든 것이라고 여긴다. 갑자기 하늘에서 뚝 떨어진 현재란 있을 수 없다고 생각한다.

중국인은 자신들의 유구한 사상과 문화에 대해 단순히 자부심만을 가지는 것이 아니라, 실제 생활에서도 반영하며 생활하고 있다. 그래서 이런 중국의 과거 사상과 문화에서 유래한 사회 운영 방법(사회 질서)과 사람이 살아가는 방법(인생관)으로 생활하고, 미래의 후손들도 이렇게 살기를 바란다.

과거 사람은 현재 사람을 볼 수 없지만(古人不見今時月)
현재 사람은 과거 사람을 거울로 삼을 수 있다(今月曾經照古人)

현재는 과거와 연결되어 있으니, 중국인이 당면한 문제를 어떻게 생각하고, 판단하고, 결정하고, 행동할 것인가는 반드시 과거 중국인의 모습을 참고해야 한다는 것이다. 위 글귀는 『증광현문』에 나오는 구절로 중국 중학교 1학년 교과서에도 실려 있다. 유학을 만든 공자는 하늘(신)을 인정하지 않았다. 그래서 세상 사는 질서를 위해 인(仁)을 만들었다. 즉 하늘이 영원불변한 진리를 만들어 세상 사람에게 알려 주지 않았다고 본 것이다. 영원불변한 진리가 없는 세상에서 객관적으로 보편성을 가졌다고 인정할 수 있는 것은 과거부터 축적되어 온 지혜와 지식뿐이다.

우리는 한나라에서 왔다

중국인은 현재의 중국과 중국인의 모습이 한나라 시대에 완성되었다고 생각한다. 그래서 자신들을 '한족'이라 칭하고, 글자를 '한자', 시를 '한시', 학문을 '한학', 중국 남자를 '남자한(男子漢)'이라고 한다. 그러니까 현재 중국인의 사고방식과 생활방식이 2천 년 전 한나라 시대에 살았던 사람들로부터 비롯됐다고 여기는 것이다. 이런 연유로 중국인은 "한나라 시대 문화는 한 줄기 강물처럼 지금도 중국 대륙에 흐르고 있다(漢是一條河)"는 말을 자주 사용한다.

2015년 중국 중앙텔레비전방송국(CCTV)에서 '워총한차오라이(我從漢朝來)'라는 다큐멘터리 프로그램을 방영했다. '우리는 한나라에서 왔다'는 뜻인데, 더 풀어서 설명하자면, '현재 중국에 살고있는 중국인의 사고방식과 행위양식은 모두 2천여 년 전 한나라시대에서 비롯되었다'라는 의미이다.

이 프로그램은 중국인의 생활방식을 알아보는 '가족', '조상', '중국 남성의 삶', '중국 여성의 삶'이라는 주제로 4편, 그리고 중국인의 세계관과 중국인이 후손에게 물려주고자 하는 가치관을 알아보는 '중국에서 신선이란', '중국에서 어린이 교육 모습이란'을 주제로 2편, 총 6편으로 제작해 방송했다.

프로그램 제목대로 현대 중국인이 살아가는 생활 모습과 2천년 전 한나라 시대 사람들이 살아가는 생활방식을 비교해 보면서, 외부적으로 보이는 생활 모습은 다를지 몰라도 그 내면에 흐르는 중국인의 사고방식과 행위양식은 2천 년 전이나 지금이나 변하지않았다는 사실을 확인하는 내용이다.

방송국에서 왜 이런 내용의 다큐멘터리를 만들었는지, 그 이유를 정확히 알 수는 없다. 하지만 21세기를 살아가는 현대 중국인이 어떻게 중국인이라는 정체성을 유지할 수 있는지, 또 중국인이 어떤 가치관을 가지고 살아가야 바람직한지에 대해 그 근원을 2천 년 전 한나라 시대에서 찾고 있다는 사실은 분명해 보인다.

중국 대학 수학능력 시험

중국에도 한국처럼 대학 입학시험이 있는데, 까오카오(高考)라고 한다. 한국 대학수학능력시험처럼 일 년에 한 번 시험을 치른다. 중국에는 한국과 같이 고등학생이 자신의 특기를 활용하여 대학에 진학하는 수시 제도가 활성화되어 있지 않다. 그래서 대학에 진학하려는 고등학생에게 까오카오는 아주 중요한 시험이다. 까오카오는 국어, 수학, 영어 각 150점, 인문, 자연 계열을 구분하여 선택 300점 해서 총점 750점이다. 한국 대학수학능력 시험과 다르게 국어 시험 150점 중 60점이 논술로 구성되어 있다. 총점 750점 중 논술이 60점이니 글쓰기 시험 비중이 상당히 높다고 할 수 있다.

중국 까오카오 논술 시험 문제는 인문 계열과 자연 계열의 구분이 없다. 성(한국의 도에 해당하는 행정 구역)마다 시험 문제가 다른데, 대부분 중국 문화와 관련된 실제 생활 모습을 서술하는 내용이다. 그리고 논술 시험에서 요구하는 글자 수가 800자로 한국으로 치면 약 1,200자 정도다.

[2019년 베이징시 까오카오 논술 문제]

"인성(韌性. 질기다, 끊어지지 않는다)이란 중국인의 오래된 특성이다. 중국인의 인성은 유구한 중국 문화로 지금까지 이어져 왔으며, 특히 중국 역사 변천 과정에서 중국인이 지니게 된 특성이다. 중국인의 인성을 발휘하여 중국 부흥을 이루어야 하는데, 이러한 인성이 중국 역사, 사상, 문화, 언어, 문학, 예술, 사회생활, 개인의 품성에 끼친 영향에 관해 서술하시오."

현재의 중국인은 과거로부터 전해 내려온 중국인만의 특성을 가지고 있는데, 중국 부흥을 위해 이런 중국인의 특성을 사회 각 부분에 어떻게 활용할 것인지에 대해서 논술하라는 것이다. 여기에서 말하는 중국인의 특성은 과거부터 지금부터 이어져 온 중국 사회의 사상과 중국인 개개인의 가치관을 의미한다.

[2019년 상하이시 까오카오 논술 문제]
"중국 예술(音樂)은 중국인만의 독특한 특질을 포함하고 있다. 이러한 특질은 중국인의 본성에서 유래한다. 중국 예술을 중국풍이라고 부른다. 그래서 중국 예술에서 중국인의 본성을 느낄 수 있다. 중국인의 본성에서 시작된 중국 예술을 사용하여 어떻게 개개인을 계발할 수 있으며, 사회를 이해하는 기초 지식으로 활용할 수 있는지에 관해 서술하시오."

중국에서 도덕인 인(仁)을 실제로 행동하게 하는 것이 예(禮)이고, 예를 행하게 하는 본성 즉 내재한 마음이 악(樂)이다. 그래서 중국에서는 도덕이 예악에서 시작한다고 하는데, 예악에서 악이 곧 예술이다. 그리고 예술은 음악(音樂)에서 시작되는데, 음악이 곧 중국인의 마음속에 내재한 특질이라는 것이다. 즉 중국 사회를 이해할 때는 중국인의 본성에 있는 중국인의 특질을 사용해야 하는데, 이런 중국인의 특질이 무엇인지 논술하라는 것이다.

2019년 중국 베이징시와 상하이시 까오카오 논술 문제는 중국의 오래된 역사, 문화로부터 유래한 중국인의 특성(사상)과 특질(본성)이 무엇인지, 그리고 과거로부터 연유한 이러한 특성과 특질을 어떻게 활용하여 현재의 중국 사회를 발전시킬 수 있는지를 묻고 있다.

중국 부흥의 길과 과거를 바라보는 중국인의 관점

한국에 국립중앙박물관이 있다면, 중국에는 중국국가박물관이 있다. 중국국가박물관은 중국에 있는 박물관 중 규모가 가장 큰 박물관으로 베이징 자금성 앞 천안문광장 동쪽에 있다. 중국국가박물관은 '부흥의 길(復興之路)' 전시관을 상설 운영한다. '부흥(復興)'은 '다시 흥한다', 즉 과거에는 번청했는데 어떤 일로 쇠락했으나 지금 다시 번성하려고 한다는 뜻이다.

2012년 11월 30일 시진핑은 중국 주석에 선출된 후 제일 먼저 중국국가박물관 부흥의 길 전시관을 찾아 돌아보며 중국의 부흥을 다짐했다. 중국이 과거 흥성했던 시대를 다시 이루기 위해 노력하겠다는 의미다.

그러면 중국이 생각하는 과거의 번창했던 시기는 언제일까? 바로 '강한성당(强漢盛唐)'이다. '강한 한나라와 번성한 당나라'를 뜻한다. 과거 중국 영토에 존재했던 한나라와 당나라는 지금의 중화인민공화국과 몇 가지 면에서 유사하다.

중화인민공화국의 건국 과정은 한나라와 당나라의 건국 과정과 비슷하다. 한나라와 당나라가 세워지기 전에 짧은 기간 동안 진나라와 수나라가 있었다. 마찬가지로 중화인민공화국이 세워지기 전에 중화민국(타이완)이라는 국가가 잠시 존재했다. 즉 세 나라 모두 바로 앞 시기에 존재했던 나라가 왜 망했는지를 경험했고, 자신들도 그렇게 하면 망한다는 교훈을 얻었다.

부흥의 길 전시관은 서구 제국주의 국가가 처음 청나라를 침략한 1840년 아편전쟁이 시작되기 전, 청나라 상황을 설명하는 전시물로 시작된다. 먼저 서구 열강의 침략에 청나라가 어떻게 대처했기에 속수무책으로 당할 수밖에 없었는지, 그 이유를 보여준다. 중국이 다시 부흥하기 위해서는, 앞선 청나라가 왜 서구 제국주의에 무너졌는지 그 원인을 살피는 데서부터 시작해야 한다는 중국인의 생각을 짐작해 볼 수 있다.

중국에서는 국가가 부강하고 국민이 태평성세를 누리던 시대를 '지치(之治)'라고 한다. 중국 바이두 백과에서 '강한성당'을 찾아보면 구체적으로 한나라 한무제의 '문경지치(文景之治)'와 당나라 당태종(이세민)의 '정관지치(貞觀之治)', 당나라 당고종의 '영휘지치(永徽之治)' 시기를 '강한성당' 시대라고 설명한다.

'중국 부흥의 길'이 목표로 하는것은 바로 한나라 한무제와 당나라 당태종 시대의 영광을 다시 재현하겠다는 것이다. 중국에서 과거란 단절하고 극복해야 할 대상이 아니라, 본받고 배우고 되새겨 생각하며 마음에 새겨야 할 소중한 자산이다. 중국인이 생각하는 과거에는 사상과 문화 외에 역사도 포함된다.

만세사표(萬世師表)

중국 산둥성 곡부시에는 공자의 사상을 기리는 공묘(사당)가 있다. 한국어로 '묘'로 발음되기 때문에 공자 무덤으로 생각할 수 있지만, 그렇지 않다. 공묘(孔廟)에서 '묘(廟)'는 우리나라 조선 시대 왕들의 신주(神主)가 있는 서울 종묘의 '묘'와 같다. 그러니까 공묘는 공자의 신주가 있는 장소다. 신주는 죽은 사람의 이름과 사망한 날짜를 적어 죽은 이의 혼을 모셔두는 나무조각인데, 우리나라에서 제사 지낼 때 제사상에 놓아두는 지방과 같다. 공묘는 공자의 혼을 모신 건물이 있는 장소로, 공자의 사상을 대표하는 공간이다. 황제나 왕이 아닌 일반인인데 신주를 보관하는 건물이 묘로 불리는 경우는 중국에서 공자와 맹자, 관우 등 몇 사람밖에 없다. 공묘라는 건물 이름에서, 중국에서 공자는 황제와 동급이라는 사실을 알 수 있다.

중국 산둥성 곡부시에는 공자의 무덤, 공림(孔林)이 있다. 중국에서는 죽은 사람의 시신을 묻은 무덤을 그 사람이 살았을 때 지위에 따라 다르게 부른다. 일반 백성 무덤은 '분'이고, 왕후장상(왕과 고급 공무원) 무덤은 '총'이고, 황제 무덤은 '능'이고, 성인 무덤은 '림'이다. 공자 무덤을 공림이라고 하니, 무덤 이름으로 따지면 중국에서 공자는 황제보다 지위가 높다. 중국에서 무덤 이름에 '림'이 붙은 성인은 공자(공림)와 관우(관림) 등이 있다.

공묘의 정전인 '대성전' 안 한가운데에 『논어』에 나오는 '만세사표(萬世師表)'라는 편액이 걸려 있다. 중국 청나라 황제 강희제가 공묘를 방문하고 만세사표라는 글귀를 써서 건물에 붙여 놓았는데, '공자는 영원히 배울 것을 알려주시는 스승님'이라는 의미다. 즉 공자의 유학 사상은 과거에도 그랬고 지금도 그렇고 앞으로도 영원하다는 것이다. 현재도 중국의 사회 질서는 공자의 유학 사상으로 운영되고, 중국인의 인생관은 공자의 철학을 기반으로 한다. 유학은 다양한 맥락과 해석을 거치며 중국인의 생각을 이끌었고, 지금도 마찬가지다. 그 특징을 압축해서 크게 두 가지로 말하면, 앞에서 여러 번 말한 것처럼, 현세적 인본주의와 권선징악이 없는 세상이다. 두 가지 사상이 중국 사회 운영 방법, 즉 사회 질서와 중국인이 살아가는 방법, 즉 인생관에 구체적으로 어떤 모습으로 나타나는지 알아보자.

계급으로 나누고 권위를 인정한다

공자는 『논어』에서 "인(仁)은 부모에 대한 효도와 형제 간의 우애로부터 출발하는 어진 마음이다(孝悌也者其爲仁之本也)."라고 했다. 그러면서 부모나 형제를 대할 때와 같은 마음으로 다른 사람을 대하면 사회 도덕이 실현되어 사회 질서가 유지될 수 있다고 했다. 덧붙여 공자는 "사람이 자신의 마음속에 원래부터 있는 인에 따라 생활하면 예(禮)가 되고 예에 따라 생활하면 군자가 된다."고 했다. 하지만 보통 사람이 성인의 말씀대로 생활하기는 쉽지 않다. 보통 사람은 군자가 아니기 때문에 가족은 사랑하지만, 다른 사람을 사랑하지는 않는다.

중국인이 주위 사람을 자기사람(自己人)과 기타사람(外人)으로 구분하여 살아가는 방식은 중국에서 잠재규칙이라 불릴 만큼 일상화된 모습이라는 점은 앞에서도 이야기했다. 그런데 이렇게만 살면 사회 질서가 유지되기 어려워진다. 그래서 공자는 이런 말도 한다.

임금은 임금답고 신하는 신하다워야 하고, 아버지는 아버지답고 아들은 아들다워야 한다(君君臣臣父父子子)

자신의 자리를 지키며 신분에 맞게 살아야 한다는 뜻이다. 공자의 유학에 나오는 계급주의에 따른 권위 중심적 생활 모습이 바로 중국이 사회 질서를 유지하는 방법이다. 중국 대륙에 존재했던 많은 나라가 중국에서 사회 질서를 유지하는 방법으로 공자의 유학 사상을 이용했다. 중국 국가들이 나라를 운영하면서 사회 질서를 유지하는 데 공자의 유학은 매우 유용하다.

중국은 기원전 200년경 진시황제가 대륙을 통일하고 황제 전제주의를 시작한 이래 현재까지 전제주의 통치 방법이 이어지고 있다. 전제주의란 한 사람 또는 소수의 지배자가 법이나 제도의 구속을 받지 않고 통치하는 정치 제도다. 전제주의가 국가 통치 제도로 유지되기 위해서는 계급주의와 권위주의가 필요하다.

통치자가 권위를 가지고 사회 각 구성원을 계급으로 구분하는 제도를 구성원이 받아들여야 사회 질서가 유지된다. 그래서 전제주의 국가에서는 구성원들이 그 사회가 정한 의식과 절차를 통해 주어진 역할과 의무를 다하도록 사회화되어야 한다. 사회 구성원들이 저마다 자신의 위치에서 각자의 역할과 의무를 다하며 살아갈 때, 비로소 질서 있는 사회가 유지될 수 있다. 즉, 사회 구성원이 기존의 사회 구조를 받아들이고 인정하는 것이 중요하다.

공자가 살던 노나라 시대 대부(신하)들은 제후(왕)보다 더 큰 힘을 가지고 있었다. 그래서 대부들은 제후를 인정하지 않고, 자기 마음대로 행동했다. 예법을 중시하는 공자는 이러면 사회 질서가 무너져 세상이 혼란해진다고 생각했다. 이런 상황에서 공자는 사회 구성원들은 자신이 속한 계급의 규범을 준수해야 한다는 "임금은 임금답고 신하는 신하다워야 한다(君君臣臣)"라는 글귀를 『논어』에 남긴 것이다. 그러면서 공자는 왕은 왕의 계급에 맞게 행동하고, 신하는 신하의 계급에 맞게 행동해야만 사회 질서가 유지된다는 정명(正名) 사상을 주장했다. 중국 사전에서 정명이란 각계각층의 사람들이 자신의 이름(계급, 위치, 신분)에 알맞은, 즉 명분에 맞는 행동을 하는 것이라고 정의한다.

한국어 사전에서 '명분'은 각각의 이름이나 신분에 따라 마땅히 지켜야 할 도리, 일을 꾀할 때 내세우는 구실이나 이유 따위라고 정의한다. 그러나 한국사람들이 일상생활에서 명분을 내세워 어떤 일을 한다고 말할 때, 명분은 일을 할 때 내세우는 구실에 불과하다는 의미인 경우가 많다. 중국에서는 이런 경우 명의(名義)라는 단어를 사용한다.

중국인이 사용하는 명분이라는 말은 한국인이 일상생활에서 사용하는 명분과 의미가 다르다. 중국 사전에서 명분(名分)은 명위(名位)와 신분(身份)을 말하고, 명위는 각자의 위치와 계급을 말한다. 즉, 중국에서 명분이란 각 개인이 자신의 위치와 계급과 신분에 따라 행동하는 도리라는 의미다.

『논어』에 나오는 이야기다. 공자의 제자 자로가 공자에게 묻는다. "위나라 왕이 스승님께 정치를 맡긴다면 먼저 무엇부터 하시겠습니까(衛君 待子而爲政 子將奚先)?" 공자는 "명분을 바로 세우겠다

(必也正名乎)."라고 대답한다. 공자가 말한 '명분을 바로 세워야 한다'의 의미는 사람이 자신의 신분에 따라 행동하지 않으면 사회 질서가 혼란해지기 때문에 사람은 반드시 자신의 신분에 걸맞게 행동해야 한다는 것이다. 공자의 이런 주장을 다른 말로 정명(正名)이라고 한다. 그러니까 공자에게 정치란 정명에 따라 명분(계급, 위치, 신분)을 실제 생각과 행동에 일치시키는 것이다.

공자는 사회 질서 유지를 위해 정명을 말했다. 하지만 후세 통치자와 통치자 주변 일부 학자는, 정명을 '사람은 이미 정해진 자신의 신분과 지위를 넘을 수 없다'로 해석하면서 전제 사회 통치이념으로 이용했다. 공자의 유학은 통치자 입장에서는 통치자의 지위를 공고히 하고, 주위 다른 사람들이 통치자가 현재 차지하고 있는 지위를 넘보지 못하게 하는 데 아주 유용한 사상이다. 그래서 중국 국가를 운영하는 통치자 입장에서는 공자가 유학을 만든지 2천 5백 년이 지난 현재도 사회 질서를 유지해야 한다는 이유로 유학을 권장하고 교육하는 것이다.

인(仁)과 극기복례위인(克己復禮爲仁)

"임금은 임금답고 신하는 신하다워야하고, 아버지는 아버지답고 아들은 아들다워야 한다(君君臣臣父父子子)" 중에서 임금과 신하의 관계(君君臣臣)를 이론적으로 체계화한 것이 극기복례(克己復禮)다. 공자는 하늘에 있는 초자연적인 그 무엇인가가 세상을 올바르게 이끌어 간다는 생각을 의심했다. 그래서 공자는 초자연적인 힘을 가진 하늘 신의 존재나 사람이 죽은 후에 혼으로 변해 귀신으로 존재한다는 생각을 믿지 않았다. 공자는 제자가 귀신과 사후세계에 관해 물었을 때, "사람의 일도 잘 모르는데 귀신의 일을 어떻게 알겠느냐, 또 살아생전의 일도 잘 모르는데 죽어서의 일을 어떻게 알겠느냐?"라고 답한다. 그러니까 귀신이 있는지 없는지, 사후세계가 있는지 없는지 모르겠다는 말이다. 누구나 잘 모르는 일은 믿지 않는다. 그래서 공자는 사람 사는 세상일은 사람이 해결해야 한다고 보았다. 그리고 사람이 세상일을 해결하는 이데올로기로 '인(仁)'이라는 사상을 만든 것이다.

공자는 『논어』에서 '극기복례위인(克己復禮爲仁)'이라고 했다. 극기복례를 하면 공자의 사상 인(仁)을 행할 수 있다는 의미다. 한국 사전에서는 극기복례를 '자신의 의지로 사욕을 극복하고 예법을 갖춘 사람이 되는 것'이라고 설명한다. 현대어로 바꾸면 '욕망을 이기고 도덕적인 인간이 되자'는 것이다.

중국 사전에서는 극기복례의 의미뿐 아니라, 그 유래에 관해서도 설명한다. 공자가 살았던 노나라는 주나라의 예법을 따랐는데, 주나라 예법에는 각종 행사에서 전문 무용수들이 춤을 추었다. 천자의 행사에는 가로세로 각 8줄로 총 64명의 무용수가 춤을 추고, 제후 행사에는 6줄로 총 36명이, 대부 직급 행사에는 4줄로 16명이 춤을 추었다. 그런데 공자가 살았던 시대 노나라에서는 제후(왕)가 힘이 없다 보니, 대부 직급의 귀족이 64명의 무용수를 불러서 권세를 자랑하는 일이 빈번했다. 노나라 대부 직급의 귀족이 천자 행세를 한 것이다.

예법을 중시했던 공자는 이러면 사회 질서가 무너져 세상이 혼란해진다고 생각했다. 그래서 사람은 자신을 억제해서 주나라의 예법으로 돌아가야 한다는 "극기복례"라는 글귀를 『논어』에 남겼다. 주나라의 예법에서는 임금은 임금다워야 하고, 신하는 신하다워야 한다며 자신이 속한 등급에 따른 규범을 지킬 것을 강조했다. 중국 사전에서는 극기복례를 '사회 구성원들은 자신이 속한 등급의 규범을 준수한 주나라의 예법으로 돌아가야 한다'라고 설명한다.

중국 사전의 설명을 종합하면 "자신이 속한 등급의 규범을 지켜 안정된 사회 질서를 유지하자." 정도가 될 것 같다. 공자는 사회 질서 유지를 위해 권세 있는 대부 가문에게 자중하라는 의미로 이런 말을 했을 것이다. 하지만 후의 국가 통치자와 유학자들은 이를 "주제를 알고 가만히 있으라"라고 해석하며 전제 군주의 지위를 높여 사회 계급 구조를 공고히 하는 이론으로 이용하는 경우가 많았다.

중국 역사 2천 년을 보면 새로운 국가가 막 건국됐을 때는 국가를 안정시키기 위해 노력하지만, 국가가 안정되었다고 판단되면 국가의 기반을 공고히 하기 시작한다. 그리고 그러한 시기에는 어김없이 공자를 앞세우곤 했다. 앞에서 말했듯이 최근에도 중화인민공화국은 공자학당을 만들면서 공자를 다시 '띄우고' 있다.

법에 의한 권위 확보

한국에서 법은 국가의 강제력을 수반하는 사회 규범으로 해석한다. 한편 중국에서 법은 '통치를 실현하려는 의도로 만든 규칙(體

現統治階段的意志)'이다. 그러니까 한국에서 법이란 개인이 자신과 상대방의 권리를 보호하기 위해 지켜야 할 의무를 규정한 사회 규범이라면, 중국에서 법이란 사회 질서 유지를 위해 국가가 각 개인이 지켜야 할 사항을 규정한 규칙이다. 그래서 중국에서는 법이라고 하면 대부분의 경우 형법과 민법을 의미한다.

중국에서 "법치주의를 실현하자"는 말은 개인이 자신이 속한 조직(공산당, 국가, 직장 단위)의 규정을 엄격히 준수해야 한다는 의미다. 개인이 법에서 규정한 자신의 권리를 행사한다는 의미가 아니다. 왜 중국에서는 개인의 권리를 규정하는 법보다, 사회 질서 유지를 위해 개인이 준수해야 할 의무를 규정하는 법이 더 발전하게 됐을까?

춘추전국시대에 활약한 제자백가로는 유가(儒家), 도가(道家) 그리고 법가(法家)가 유명하다. 이 사상은 실제 중국 사회에 많은 영향을 끼쳤다. 그런데 한국인은 중국 역사에 존재한 수많은 국가가 유학 사상만 채택해 사회 질서를 유지하고 통치했다고 생각하는 경향이 있다.

하지만 실상은 다르다. 중국에는 양유음법(陽儒陰法), 외유내법(外儒內法)이라는 사자성어가 있다. 이는 밝게 보이는 외부 중국 사회는 유학 사상으로 움직이는 것 같지만, 잘 보이지 않는 실제 내부 중국 사회는 법가 사상으로 운영된다는 의미이다. 중국은 기원전 한나라 시대부터 유학을 국가 통치·운영 사상으로 채택했지만, 이는 어디까지나 외부적으로 보이는 부분이다. 내면을 들여다보면 실제로는 법가 사상으로 국가를 운영해 왔다. 중국학자들은 이런 국가 운영 방식이 현대 마오쩌둥의 중국 공산당까지 이어져 온다고 한다.

사후세계나 세상을 움직이는 하늘의 법칙이 없다고 생각한 유학의 창시자 공자는 세상일을 해결하는 이데올로기로 인(仁)이라는 사상과 예(禮)라는 실천 방법을 강조한다. 공자가 죽고 100년 후에 태어난 맹자는 인을 실행하는 방법으로 공자의 예 외에 의(義)가 필요하다고 말한다. 맹자는 사람은 태어나면서부터 어진 마음을 가지고 있다고 한다. 하지만 이런 어진 마음이 생각에만 머문다면 아무런 의미가 없기에, 사람은 반드시 어진 마음을 따라 실제로 행동(義)해야 한다며, 의롭게 행동하지 못하는 자신을 부끄러워하고 의롭게 행동하지 않는 다른 사람을 미워하는 마음, 즉 수오지심(羞惡之心)이 필요하다고 한다. 태어나면서부터 사람의 마음속에 어진 마음이 있다는 성선설(性善說)을 주장하는 맹자도, 사람이 이런 어진 마음을 따라 실제로 행동하는 것이 어렵다고 생각했다. 그래서 맹자는 사람이 의롭게 행동할 수 있도록 사람에게 의를 가르쳐야 한다고 주장한다.

맹자가 죽고 50년 후에 활동한 순자는 초나라에서 20년 동안 행정 업무를 담당하면서 국가 운영의 현장 경험을 쌓았다. 공자와 맹자가 사상을 만든 이론가라면, 순자는 유학 사상을 현장에 적용한 정치가다. 순자는 이런 현장 경험을 바탕으로 "사람이란 태어나면서부터 이익과 쾌락을 추구하는 본성을 가진다"는 성악설을 주장한다. 그러면서 사람이 타고난 성질대로 행동하면 반드시 갈등이 생기고 이로 인해 결국 도덕과 질서가 어지러워져 사회가 혼란스러워진다면서 법으로 사회를 운영해야 한다고 말한다.

정치에서 물러난 순자는 제나라 직하학궁(稷下學宮)에서 좨주(祭酒), 요즘으로 치자면 교장으로 재직하는데 이 시기 순자에게 배운 제자가 한비자(韓非子)와 이사(李斯)다. 후에 한비자는 법가 사상을 이론적으로 완성한다. 그리고 한비자의 법가 이론으로 중국 최초의 통일 국가 진나라를 운영한 사람이 바로 이사다.

중국의 법 개념은 중국 사회 전체가 통일을 향하여 필사적인 노력을 기울이던 전국시대 말기에 생겨난 만큼, 언제나 전제주의 군주를 지지하고 상벌을 중시했다. 이 같은 상황에서 전제주의 군주가 생각하는 법이란 군법이나 계엄법의 한계를 벗어날 수 없었다. 위와 같은 정치적·사회적 상황의 영향으로 인간의 본성은 악하다는 관점에서 출발한 법가는 국가가 강제적인 행동을 할 때만 인간의 선을 이끌어 낼 수 있다고 생각했다. 이로부터 2천 년 동안 이어진 법에 의한 중국의 정치 체제는 현재까지도 변함없이 이어졌다. 현재도 중국 공산당 문헌에는 법은 당을 위한 통치 도구가 돼야 한다고 한다. 그래서 법 체제 확립의 궁극적 목표는 당과 국가의 통치에 기여할 수 있는 효율적인 수단을 마련하는 것이다.

신유학으로 포장한 법의 권위 확보

중국 역대 국가(황조)가 법가 이론으로 나라를 통치하면서 법을 강조했지만, 일반 백성 입장에서는 법이란 통치자가 백성을 관리하기 위해 만든 것이지 백성을 위해 만든 것은 아니라고 생각한다. 그래서 백성은 나라의 법과 자신의 이해관계가 부딪치면 되도록

법을 피할 방법을 강구하게 된다.

한나라 시대 정치가 동중서는 어떻게 하면 일반 백성이 법을 인정하고 법을 받아들일 수 있을까 연구한다. 동중서가 그 당시 황제의 입맛에 맞게 만든 사상이 바로 법가 이론을 유학으로 살짝 포장한 신유학 사상이다. 공자는 『논어』에서 초자연적인 하늘의 일이나 사람이 죽은 후의 일은 모른다고 했다. 하지만 한나라 한무제와 동중서는 하늘을 인정하고 하늘의 신이 황제와 감응(感應)한다는 신유학을 만든다.

동중서는 세상을 올바르게 이끌어가는 초자연적인 무엇이 있으며, 그것이 하늘(天)이라고 한다. 하늘이 세상을 관리하는데, 바로 이 하늘의 아들이 천자(天子), 황제라는 것이다. 그러니까 황제는 사람이긴 하지만, 하늘의 아들이기 때문에 하늘의 명령을 대신해 법을 만들어 나라를 통치한다고 한다. 주위 사람들이 황제도 사람인데 어떻게 하늘의 아들이냐고 의심하자, 동중서는 음양오행설을 인용해 천인감응설(天人感應説)을 만든다. 황제는 하늘과 대화하며 하늘의 뜻에 따라 세상을 통치하기 때문에 그 누구도 황제의 권위를 의심해서는 안 되며, 황제의 명령이 곧 하늘의 법이니 백성은 황제에게 무조건 복종해야 한다는 것이다.

동중서는 자신의 책 『춘추번로(春秋繁露)』에서 이런 신유학 이론을 전개하면서 황제의 권위에 기반한 법치 제도를 만들었다. 동중서의 신유학은 시대가 흐르면서 중국 대륙에 생겨난 모든 국가의 통치 이론이 된다. 전한시대(기원전 202년 ~ 기원후 8년) 사마천이 쓴 『사기』에 동중서의 신유학이 기록되어 있는데, 그 부분의 총 글자가 318자밖에 되지 않았다. 하지만 몇백 년이 지난 후한시대(기원후 25년~220년) 반고가 쓴 『한서(漢書)』에는 동중서의 신유학을 7,384자를 할애해 기록했다. 중국 최초 통일 국가 진나라에서 국가 통치 이념으로 자리 잡은 법가 이론은 한나라 한무제 시대 동중서에 의해 통치 사상으로 완성된 후 중국 모든 나라가 국가 운영 수단으로 사용했고, 지금도 그렇다.

이중텐은 『국가를 말하다』라는 책에서 외면적으로 보이는 중국의 통치 사상은 시대에 따라 변해 왔지만, 실제로 중국은 전제주의에 의해서 통치되었다고 한다. 전제주의란 최고 통치자 개인이 정권을 장악하여 통치하는 제도다. 그러니까 통치자가 전제주의 정치를 하면서 그 전제주의 정치를 합리화하는 수단으로 필요에 따라 이런저런 통치 사상(이데올로기)을 사용했다는 것이다.

현재 중국의 정식 국가 명칭은 중화인민공화국이다. 공화국이란 여러 사람이 번갈아 가면서 같이 국가를 통치하는 제도이다. 중국에서는 1911년 신해혁명으로 청나라 전제정치 체제가 막을 내리고 공화정이 시작되었다.

과거 황제 전제주의 시대에는 황제가 그의 아들 몇 명 중에서 능력 있는 사람을 뽑아 다음 통치자로 삼았다. 현재 중국은 1억 명의 공산당원 중에서 가장 능력 있는 사람을 뽑아 통치자로 삼는다.

현재의 중국이 전제주의 정치 체제인지 공화정 정치 체제인지 딱 부러지게 규정하기는 쉽지 않다. 다만 과거 수천 년 동안 통치자와 그의 자식이 전제정치를 하였다면, 지금은 1억 명의 공산당원 중에 능력 있는 집단이 모여서 전제정치를 한다고도 할 수 있다.

세상 모든 일은 우연히 생긴다

중국인은 인간이 죽은 후에 영혼으로 변해서 하늘에 올라가 영원히 생명을 이어간다고 생각하지 않는다. 『증광현문』에 다음과 같은 구절이 나온다.

살아 있는 사람은 귀신을 볼 수 없고(生不認魂)
죽은 사람은 자신의 시체를 볼 수 없다(死不認屍)

공자는 "하늘은 어떤 말도 하지 않지만 사계절은 돌아가고 곡식은 자란다. 하늘이 말을 하더냐?"라고 하면서 하늘이 사람의 일에 관여하는지 그렇지 않은지 잘 모르겠다고 한다. 주희는 "하늘은 인간과 같은 마음을 가지고 있지 않다. 따라서 하늘은 선한 사람에게 복을 주고 악한 사람에게 벌을 내리는 주재자(신)가 아니다."라고 확실하게 결론 낸다. 그래서 중국인은 세상에 권선징악이 없다고 생각한다. 사람이 의롭고 착하고 성실하게 살아도 원하는 결과를 얻을 수 없다는 것이다.

『삼국지연의(三國志演義)』에서 제갈공명이 화공으로 위나라 사마의의 대군을 옴짝달싹 못 하게 가두어 승리를 눈앞에 두었는 갑자기 하늘에서 소나기가 퍼부어 불이 꺼져 버린다. 이때 제갈공명은 "일을 도모하는 것은 사람이지만 일의 성사 여부는 하늘에 달려 있구나(謀事在人成事在天)."라며 그 상황을 운명으로 받아들인다. 그런데 이 문장에 나오는 하늘에 달려 있다는 말에서 '하늘'에 대한 해석은 한국과 중국이 다르다.

246

한국에서는 상대방이 도덕이나 윤리 상식에 벗어나는 생각이나 행동을 하려고 하면 "하늘이 보고 있다"거나 "하늘이 무섭지도 않느냐"며 세상일은 결국 권선징악에 따라 결말이 나니 항상 하늘을 염두에 두고 미리 생각과 행동을 조심하라고 한다. 한국에서 '하늘'은 세상일을 권선징악에 따라 처리해 주는 신이라는 의미다.

하지만 세상에 권선징악은 없다고 생각하는 중국에서 '하늘'은 세상을 주관하는 신이 아니라 운명을 의미한다. 제갈공명이 북벌 전투에 나서면서 말한 글귀를 보면 하늘이 운명을 의미한다는 사실을 확실하게 알 수 있다.

『삼국지연의』에서 제갈공명은 이런 질문을 받는다. "위나라 북벌에 이미 다섯 차례나 출정하여 모두 실패했는데, 왜 또다시 여섯 번째 북벌 전쟁에 나가려고 합니까?" 이때 제갈공명은 "사람이 하는 일은 하늘이 보고 있다(人在做天在看)."라고 대답한다. 즉 사람은 최선을 다할 뿐이고, 그 후에 하늘이 어떤 결과를 내리든 받아들일 수밖에 없다는 것, 앞으로의 결과는 운명으로 받아들일 수밖에 없다는 것이다.

중국의 연분(緣分), 한국의 인연(因緣)

한국에서 '연분'이라는 단어는 서로 관계를 맺게 되는 연이 생긴다는 의미로 주로 남녀 간의 만남에 사용된다. 그래서 한국에서는 남녀가 서로 정이 생기면 '연분이 났다'고 한다. 하지만 중국에서 연분(緣分)이라는 단어는 한국의 연분과는 의미가 다르다.

중국 사전에서 연분은 '우연히 일어난 일이지만, 그 일의 당사자에게는 운명과 같은 필연적인 사건(很多突然 一些偶然 一些必然組成的)'이라는 의미다. 그래서 중국 단어 연분은 한국 단어 '인연'과 비슷하다. 다만, 한국의 '인연'은 일반적으로 사람들 사이에서 맺어지는 관계를 의미하지만, 중국의 '연분'은 사람들 사이에서 일어나는 관계에 더해, 사람에게 발생하는 모든 상황까지 포함한다. 사람이 세상을 살아가면서 맞닥뜨리는 모든 일이 당사자에게는 운명이라는 의미다.

그래서 중국 대중문화(영화, 연속극, 소설, 무협지)에서 이야기의 줄거리는 인과관계에 따른 개연성으로 구성되지 않고 갑자기, 우연하게 일어나는 사건으로 구성되는 경우가 많다. 하지만 그 사건의 당사자에게는 필연적인 사건이라는 것이다. 이런 이유로 중국인은 우연한 사건으로 줄거리가 전개되는 대중문화를 보면서, 인생의 모든 일은 각 개인의 의도와는 다르게 갑자기 우연히 운명처럼 생기는 것이기에 자연스럽다고 여긴다.

정성을 들여 땅에 나무를 심으면 꽃이 피지 않지만(有意栽花花不發)
아무 생각 없이 버드나무 가지를 버리면 울창한 숲이 된다(無心插柳柳成蔭)

『증광현문』에 나오는 글귀다. 어떤 일을 꼭 이루겠다고 필사적으로 매달려도 세상에는 안 되는 일이 많고, 오히려 내 의지와는 관계없이 우연히 이루어지는 일이 많다는 의미다. 즉, 인생은 정확한 인과관계에 의해서가 아니라 우연에 의해 진행되니 그것을 필연으로 생각하고 자신의 운명으로 생각하라는 것이다.

이 글귀는 중국에서 워낙 유명해서 일상 대화에서도 자주 쓰이고, 초등학교 5학년 교과서에 나온다. 어려서부터 이런 말을 듣고 배우며 자란 중국사람들은 열심히 했는데도 원하는 결과를 얻지 못했을 때, 그것을 필연적인 운명으로 받아들인다.

한국인은 열심히 노력하면 무엇이든 할 수 있다는 말을 한다. 본인이 최선을 다하지 않아서 원하는 결과를 얻지 못하는 것이지, 사람의 의지에 따라 이룰 수 없는 일은 세상에 없다는 것이다. 하지만 중국인은 일상생활에서 "열심히 한다고 반드시 좋은 결과를 얻는 것은 아니지만, 열심히 하지 않으면 반드시 좋은 결과를 얻지 못한다(雖然努力不一定成功 但是不努力一定不可能成功)"는 말을 사용한다. 내가 바라는 것을 얻기 위해 열심히 노력해도 얻을 수 없는 경우가 많다는 것이다.

또 중국인은 주변 사람이 어떤 목표를 가지고 새로운 일을 시작할 때, 이런 덕담도 해준다. "반드시 목표하는 것이 이루어진다는 기대는 하지 말아라, 하지만 최선을 다해 준비하고, 있는 힘껏 노력해야 한다(做最壞的打算 做最好的準備 盡最大的努力)." 즉, 세상에는 노력해도 원하는 결과를 얻지 못하는 경우가 많기는 하지만 그렇다고 절망하거나 좌절하지 말고, '연분'이라고 생각하며 또 다른 '연분'을 기대하면서 살라는 것이다.

에필로그

한국과 중국, 오해와 이해 사이에서

1912년 조선 사람이 "되놈"이라 부르던 만주족 청나라가 멸망하고, 중국 대륙은 한족이 세운 중국(중화인민공화국)으로 변했다. 하지만 한국인은 아직도 여전히 중국과 중국인을 "짱깨, 떼놈"이라고 얕잡아 부르며, 아무것도 배울 것이 없는 오랑캐라고 무시하는 경향이 있다.

그 이유는 아마, 현재까지도 분단국가 상태인 한국인 입장에서는 6·25 한국전쟁에서 중국이 북한을 도와주었다는 사실을 기억하기 때문일 것으로 생각된다. 또 1980년대부터 2010년대까지 한국 경제가 발달하여 한국이 중국보다 잘 살았던 경험이 알게 모르게 중국과 중국인을 무시하고 얕보게 하는 것일 수도 있다.

어쨌든 1600년대 초부터 현재까지 한국(조선)이 '소중화'라고, 중화 문명 유학의 정통 계승자라고 자처하는 한국인은, 중국은 유학의 나라가 아니라고 여기는 경향이 있다. 그뿐만 아니라 중국인이 알고 있는 공자의 유학은 틀렸고, 한국인이 생각하는 유학만이 바르다고 생각하기도 한다. 특히 1960년대 중국이 공자의 유학 사상을 탄압한 10년간의 문화혁명을 겪으며 중국에서는 유학 사상이 완전히 없어졌고, 또 중국인이 공자의 말씀과는 전혀 다르게 살아간다고 판단하기도 한다. 그러나 우리는 200년 전 박제가의 말을 다시 새겨볼 필요가 있다.

박제가의 『북학의』

조선 시대 사은사가 중국에 가면 반년 정도 중국에 머물렀다. 박제가는 사은사로 네 번이나 중국 청나라를 방문했으니, 지금으로 말하면 '중국통'이다. 방문 시기도 1778년에 한 번, 1790년에 두 번, 1801년에 또 한 번, 이렇게 십 년에 한 번씩 중국 청나라를 방문했으니 그 시기 중국이 변화하는 모습을 직접 자세히 볼 기회가 있었다.

더해서 박제가는 중국어와 만주어에 능통했기에, 중국 방문 기간 여러 사람을 만나 직접 대화하면서 중국을 정확히 파악할 수 있었다. 그는 이런 경험을 바탕으로 『북학의(北學議)』를 썼다.

2백 년 전 박제가는 조선 사람이 중국 청나라를 어떻게 바라보았는지를 『북학의』에 기록했다. 조선은 만주족 청나라에게 굴욕적으로 항복한 병자호란을 겪은 뒤에도 청나라를 오랑캐라 얕보며 조선이야말로 중국 '중화' 문명을 이어받은 '소중화' 문명국이라고 으스대지만, 이것은 일종의 정신 승리에 불과하다고 말한다.

그러면서 한 번에 3백 명 규모의 사은사가 중국에 가지만, 중국

말을 아는 사람이 없다 보니 2천 리 길을 가며 여러 도시에 머무르면서도 지방 관리를 만나는 법이 없고 북경에 도착해서 중국 정부와 접촉한다 해도 통역관의 말에 따를 수밖에 없다고 한다. 또 온종일 조선 사람끼리만 몰려다니다 보니 반년이나 중국에 머무르지만, 중국과 중국인을 전혀 알지 못한다고 한탄한다.

박제가는 조선 선비를 세 등급으로 나누어 설명한다. 수준이 낮은 선비는 중국 청나라 물건을 보여주면 중국에 이런 기술이 정말 있냐고 되물어본다고 한다. 중간 수준의 선비는 중국 청나라 지식 깊이가 우리만 못하다고 말한다. 높은 수준의 선비는 중국 청나라에는 성리학이 없다고 말한다. 이들 말이 사실이라면 결과적으로 중국 청나라에는 아무것도 없다는 것인데, 자신이 중국에서 경험하고 느낀 바는 그렇지 않다면서 『북학의』에서 그 이유를 자세히 설명한다.

박제가가 중국을 방문했던 1700년대 후반은 청나라 건륭제 시대로, 중국이 세계 경제와 문화를 이끄는 세계 제일의 초강대국이었다. 조선 선비들은 이런 중국 청나라를 얕잡아 보며 배우려고도 알려고도 하지 않았다. 오히려 북벌론을 주장하며 청나라와 전쟁을 해야 한다고 했으니 기개가 있다고 할지, 무모하다고 할지 판단이 어렵다.

중국은 중국이다. 그런데 우리는 우리의 시선으로 중국을 놓고 자꾸만 우리의 입맛에 맞게 중국을 재단하려고 한다. 하지만 그렇게 하기에 중국은 너무 가깝고 너무나 크다. 한번에 이해하기 어렵다는 의미다.

나의 중국 이야기

나는 은행 일을 20년 하고 퇴직했다. 그 후 한국에서 중국으로 소소한 물건을 팔기 시작했고, 돈을 벌 수 있을 것 같아서 아예 중국에 건너가 장사를 시작했다. 그런데 중국인을 상대로 장사하는 일은 생각보다 쉽지 않았다.

다 접고 한국으로 돌아가야 하나 고민하고 있던 시기에, 중국의 한 대학에서 임시 강사로 일하게 되었다. 중국 친구들이 "너는 성격과 행동이 샌님 같아서 장사 일이 맞지 않는다. 학교를 소개해 줄 테니 훈장이나 하라"며 많이 도와준 덕분이다. 그 후 중국 산둥성 지난시에 있는 대학과 정식으로 계약해 가르치는 일을 하게 되었다.

대학교에서 가르치는 일은 비교적 시간이 넉넉하다. 마침 내가 살고 있는 중국 동네에 마을 사람을 모아 놀러 다니는 여행사가 있었다. 동네 사람과 어울려 중국 여기저기를 놀러 다녔다. 중국 땅이 넓다 보니, 관광버스가 새벽에 출발해 밤늦게 목적지에 도착하는 경우가 대부분이다.

무료한 시간을 달래려고 관광버스 안에서 중국 동네 사람과 이런저런 이야기를 많이 했다. 서로 얼굴을 익히고 친하게 되어 그 후부터는 거의 매주 동네 사람과 놀러 다니면서 제법 속 깊은 이야기도 하게 되었다.

그동안 중국에서 장사하면서, 동네 사람을 사귀면서, 대학에서 직장 생활을 하면서 내가 이해할 수 없어서 궁금했던 중국인의 생각과 행동을 동네 친구와 직장 동료에게 물어보았다. 그 이야기를 모아서 한국의 몇 개 매체에 연재했다. 연재한 글을 모아 책도 내고 몇 곳에서 강의도 했다.

2019년 중국 광둥성에서 한국 상공인에게 중국인의 사고방식과 행위양식에 대해 강의한 적이 있다. 그 자리에 참석한 교민 사업가분들은 중국에서 생활한 지 30년이 넘었다. 나는 중국에서 생활한 지 채 10년이 되지 않았다. 그분들은 나보다 중국인에 대해서 훨씬 더 많은 경험을 가지고 있었다. 번데기 앞에서 주름잡는 꼴이 될까, 강의 내내 조심스러웠다.

다행히 강의 반응은 좋았다. "그동안 중국인을 많이 겪어서 중국사람들이 어떻게 생각하고 행동하는지는 알고 있는데, 이번 강의를 통해 중국인이 왜 그렇게 생각하고 행동하는지 그 이유를 짐작하게 되었다."라고 말이다.

이런 격려에 고무되어 두 번째 책을 쓰게 되었다. 『증광현문』을 통해 중국인의 사고방식과 행위양식의 근저에 있는 그들의 의식구조를 이해한다면, 오해 없이 정확한 시선으로 중국인을 볼 수 있게 될 것이라고 기대한다. 정확한 이해를 바탕으로, 중국인이 어떤 상황에서 어떻게 생각하고 행동하고 판단하고 결정할지 예측하는 데 이 책이 도움이 되기를 바란다.

감사의 글

좋은 철학서와 인문서를 내는 필로소픽에서 학자가 아닌 나에게 출판의 기회를 주어 감사하다. 중국과 한국을 오가며 분주하게 지내느라, 또 천성이 게으르기도 해서 계획했던 원고 마감 기한을 한참이나 넘겼다. 기다려준 출판사에 감사의 말을 전한다. 책을 계약하던 시점부터 김무영 편집장과 책의 구조를 계속 논의하며 작업했다. 완성도 높은 작품을 만들기 위해 힘을 쏟은 김 편집장에게 고맙다는 말씀을 드린다.

또 이 책 원고를 완성하기까지 필요했던 시간과 노력의 절반은 중국인 장웨이위(张伟玉) 씨 몫이다. 원고를 쓰는 동안 처음부터 마지막까지 책에 소개할 소재를 조사하고, 자료의 진위 여부를 확인하고, 세부 사례에 대한 중국사람의 입장을 이야기해 준 장웨이위 씨에게 감사의 마음을 보낸다.

마지막으로 육십 평생 걱정거리만 만드는 아들을 묵묵히 지켜봐 주시는 어머니에게 이 책을 바친다.

증광현문: 우리가 몰랐던 중국인의 탈무드

초판 1쇄 발행 | 2021년 8월 20일

지 은 이 | 김기동
펴 낸 이 | 이은성
기   획 | 김무영
편   집 | 구윤희, 이한솔
디 자 인 | 이윤진

펴 낸 곳 | 필로소픽
주   소 | 서울시 동작구 상도동 206 가동 1층
전   화 | (02)883-9774
팩   스 | (02)883-3496
이 메 일 | philosophik@hanmail.net
등록번호 | 제379-2006-000010호

ISBN 979-11-5783-224-8 03910

필로소픽은 푸른커뮤니케이션의 출판 브랜드입니다.